월급쟁이
건축주 되기
프로젝트

이제는 꼬마빌딩 지어 건물주 되는 시대
월급쟁이 건축주 되기 프로젝트

초판 1쇄 발행 2018년 8월 20일
초판 2쇄 발행 2018년 10월 30일

지은이 **김진원**
펴낸이 **백광옥**
펴낸곳 **천그루숲**
등   록 2016년 8월 24일 제25100-2016-000049호

주   소 (06990) 서울시 동작구 동작대로29길 119, 110-1201
전   화 0507-1418-0784   팩스 050-4022-0784   카카오톡 @천그루숲
이메일 ilove784@gmail.com

인쇄 예림인쇄   제책 바다제책

ISBN 979-11-88348-24-4 (13320) 종이책
ISBN 979-11-88348-25-1 (15320) 전자책

이 도서의 국립중앙도서관 출판예정도서목록(CIP)은 서지정보유통지원시스템 홈페이지(http://seoji.nl.go.kr)와
국가자료공동목록시스템(http://www.nl.go.kr/kolisnet)에서 이용하실 수 있습니다.
(CIP제어번호 : CIP2018023092)

월급쟁이 건축주 되기 프로젝트

김진원 지음

천그루숲

"부동산 투자는 끝났어!"

"부동산 폭락의 시대가 곧 올 거야!"

"내 월급 가지고 부동산 투자는 꿈도 못꿔!"

"건축은 무슨 건축! 집 살 돈도 없는데….."

아직도 우리 주변에는 이렇게 부정적인 말을 쏟아내는 사람들이 넘쳐난다. 하지만 부정적으로만 생각하면 어떤 일도 할 수 없다. 특히 부동산 등 재테크를 하는 사람치고 부정적으로 접근해서 부자가 된 사람은 보지 못했다.

나는 우리 주변의 방해꾼들에게 자신 있게 말하고 싶다.

"부동산의 시대는 절대 끝나지 않는다. 부동산 시장은 아직도 현재진행형이다."

10년 전 필자가 부동산 투자를 시작했을 당시에도 이런 말을 하는 방해꾼들이 넘쳐났다. 친구, 선배, 지인 들까지 부정적인 말을 쏟아냈다. 그러나 10년 후 필자는 그 말이 잘못되었다는 걸 입증하고 있다. 왜냐하면 필자는 10년 전이나 지금이나 부동산으로 돈을 벌고 있기 때문이다. 매년 쏟아지는 각종 부동산 규제 정책과 경기변동에도 불구하고 말이다. 물론 위기의 순간도 많았지만, 슬기롭게 헤쳐 나가고 있다. 반대로 10년 전 나에게 부정적인 말을 했던 방해꾼들의 삶은 어떨까? 행복한 삶은커녕 자신을 돌볼 금전적 여유조차 없으며, 매달 날아오는 이자납입 청구서와 부채, 세금, 인플레이션에 짓눌려 최소한의 윤택함과 행복함조차 느끼지 못하며 살아가고 있다.

우리에게 행복한 인생과 윤택한 삶은 권리이자 의무이다. 그런 권리와 의무는 누가 대신 찾아주는 것이 아니다. 바로 우리가 지금 당장 찾아 나서야 한다.

이 책은 〈월급쟁이 건축주 되기 프로젝트〉라는 제목과 같이 월급쟁이 직장인들도 '건축(부동산 개발)'을 통해 좀 더 자유로운 삶을 살 수 있는 방법을 알려주고 있다. 또한 월급쟁이들도 건축이라는 수단을 통해 이익을 극대화하고, 높은 생산자 프리미엄을 얻을 수 있는 새로운 투자방식을 알려주고자 한다.

특히 이제는 '건축'이라는 부동산 투자의 새로운 패러다임을 받아들여야 할 때이다. 그리고 '월급쟁이 건축주 되기 프로젝트'를 통해 성공적인 월급쟁이 건축주들이 많이 생겨났으면 하는 바람을 가지고 있다. 우리 모두 프로젝트를 함께해 보자.

김진원

차례

이제는 **투자**의
패러다임을 바꿔야 할 때

1962년 서울 마포에 아파트가 처음 준공된 이래, 지금까지 아파트의 인기는 꾸준히 상승하고 있다. 대출한도와 금리가 가장 낮았던 2015년에는 대출을 이용해 아파트를 사려는 사람들이 최고조에 달했다. 하지만 지금은 대출규제가 대폭 강화되면서 더 많은 자기자본이 필요하게 되었고, 청약제도까지 까다로워져 아파트 분양권을 구하기는 하늘의 별 따기가 되었다. 이렇게 아파트는 정부 정책에 따라 투자 방향이 크게 좌지우지될 수 있는 리스크를 항상 가지고 있다.

필자도 처음에는 아파트로 부동산 투자를 시작했다. 수도권에 살고 있는 필자는 청라국제신도시, 송도국제도시, 동탄, 고덕, 김포한강 등 신도시에 관심을 가지고 투자를 했다. 그중 필자를 조마조마하게 만들었던 분양권 투자에 대한 이야기를 해보려고 한다.

정부 정책과 시장상황에 민감한
아파트 투자

청라국제신도시가 사람들의 관심을 받기 시작할 때 필자 역시 이름만 들어도 알만한 건설사가 분양하는 아파트의 분양권을 매수했다. 해당 아파트는 분양권 전매제한기간이 지났음에도 다행히 프리미엄이 많이 형성되어 있지 않아 싸게 매수할 수 있었다. 그리고 프리미엄이 오르기를 기다렸다. 10개월 정도가 지나자 매수한 금액보다 4,000만원이 넘는 프리미엄이 붙었다. 하지만 몇 달 지나지 않아 대출규제를 강화하는 정부의 발표가 났고, 시장은 금세 찬바람이 불었다.

나는 정부의 발표가 나기 한 달 전부터 분양권을 전매하기 위해 매물을 내놓았지만, 이미 정부의 발표가 있을 것을 예측한 사람들은 시장에 내놓았던 매물들을 거두어 들였다. 호가를 부를 수 없게 된 나 역시 더 싸게 팔 수는 없어 어쩔 수 없이 매물을 거두어 들였다. 하지만 그렇게 반년 정도 지나자 시장은 다시 안정됐고, 나는 목표했던 금액으로 전매하는데 성공했다. 다행히 이 경우에는 수익을 거둘 수 있었지만, 항상 이렇게 긍정적인 경우만 있는 것은 아니다.

또 하나의 사례를 보자. 필자에게 K라는 친한 친구가 있다. 어느 날 술 한잔 기울이는데 친구가 갑자기 본인 부모님의 아파트 투자 실패담에 대해 들려주었다.

K의 부모님은 2007년 대출을 받아 인천 송도국제도시에 있는 신규아파트의 분양권을 구입했다. 전용 35평형 아파트 분양권을 4억 5,000만원에 매입했다고 한다. 하지만 1년 후 2008년 미국발 금융

위기(서브프라임 모기지사태)가 터졌고, 이는 국내 아파트 시장에까지 영향을 미쳐 강남을 비롯한 전국 아파트 매매가의 하락을 이끌었다. 2007년까지만 해도 송도국제도시는 연세대학교와 여러 기업들이 많이 유입된다는 각종 호재에 따라 천정부지로 올라갔었지만, 결국 인프라가 제대로 구축되지 못한 상태에서 금융위기와 겹쳐 내리막길을 걷게 되었다. 그리고 무리하게 대출을 끼고 매입한 아파트는 3억 5,000만원까지 떨어졌고 계속되는 이자를 감당하지 못하다 결국 1억원의 큰 손실을 보고 매도하게 되었다는 이야기였다.

이 아파트는 10년이 지난 지금은 어느 정도 시세가 회복되어 매매가가 4억 2,000만원대까지 형성되었다고 들었지만, 아직까지도 2007년 매매 당시의 호가에는 미치지 못하고 있는 실정이다.

이렇게 아파트 투자는 정부 정책뿐만 아니라 금리나 해외 경제환경 등 여러 요인에 영향을 받는다. 물론 아파트 투자가 안 좋다는 것은 아니다. 전국 아파트 시세를 장기적인 관점에서 확인해 보면 오르락내리락을 반복하면서도 꾸준히 우상향 상승곡선을 그리고 있는 것을 확인할 수 있다. 하지만 정부의 정책, 경제상황 등 여러 가지 변수에 너무 오락가락 매매가가 휘청거린다는 약점이 있다. 자기자금을 가지고 10년 혹은 20년 넘게 장기투자로 간다면 결국 우상향 그래프를 그리기 때문에 괜찮은 투자가 될 수도 있다. 하지만 그런 장기투자는 아예 투자한 사실조차 잊고 일상생활을 하라는 말로밖에 들리지 않는다. 이는 진정한 투자라고 할 수 없으며, 우리가 원하는 방향이 아니다. 또한 아파트 투자는 적극적인 투자라기보다는 오히려 수동적인 투자에 가깝다. 시장원리에 따라 수요가 많아지면 매매가가 오르고, 수요가 적어지면 매매가가 내려간다. 수요를 우리가 인위적으로 만들 수는 없는 노릇이다.

소비자의 입장이 아닌
생산자의 입장에서 바라보자!

이에 반해 건축은 부동산 투자에 있어 가장 적극적인 투자방법이다. 아파트처럼 사놓고 수요자들의 호가로 인해 매매가가 올라가기만 기다릴 필요가 없다. 건축할 땅을 선정하고 매입하여 법규에 맞게 건물을 지어 수익을 올릴 수 있다. 본인이 주도적으로 원하는 사업목적에 따라 임대를 할 수도 있고, 분양을 해서 양도차익을 얻을 수도 있다.

대부분의 사람들은 차려놓은 밥상을 좋아한다. 소비자의 입장에서만 부동산을 바라보고 있는 것이다. 하지만 생산자의 입장이 되어 생각을 조금만 틀어보면 어떨까? 예를 들어 40년 이상 된 노후주택은 방이며 화장실이 너무 낡아 세입자를 구하지 못하지만, 조금만 비용을 들여 리모델링을 한다면 세입자를 쉽게 구할 수 있을 뿐만 아니라 오히려 주변 시세보다 더 높은 월세를 받을 수도 있다. 이것은 건축에도 그대로 적용된다.

건축주의 입장이 되어 기존에 있던 노후주택을 철거하고, 거기에 신축빌라를 짓는다고 가정해 보자. 아파트도 같은 위치라면 신규아파트에 들어가 살고 싶은 것이 사람의 심리이다. 빌라 역시 주변의 오래된 것들보다 오히려 신축빌라에 들어와 살고자 할 것이고, 더 높은 가격으로 프리미엄을 얹어 매도도 가능하다. 당신이 건축주가 되어 밥상만 잘 차려놓는다면 사람들은 저절로 모여들게 되어 있다. 또한 경제상황이 나빠졌다고 해서 분양이 안 될까 두려워할 필요도 없다. 그런 시기에는 분양보다 임대를 놓는 방향으로 사업목적을 정해 건축을 한다면 충분히 임대수익을 얻을 수 있다. 경제 불황기에도 꼬박꼬박 수익을 만드는 훌륭한 시스템을 마련할 수 있는 것이다. 이렇게 생산자의 입장에서 수요자들에게 서비스를 제공함으로써 건축주의 프리미엄을 가질 수 있다.

이제 당신은 아파트라는 나무만 보지 말고 건축이라는 큰 숲을 봐야 한다. 건축주라는 큰 그림을 그리고 수동적인 투자가 아닌 적극적인 투자를 통해 '빅픽처 디벨로퍼'로 거듭나야 한다. 코끼리 부대를 이끌고 로마를 쳐부수기 위해 알프스 산맥을 넘은 카르타고의 장군 한니발은 이렇게 말했다.

"우리는 길을 찾거나, 길이 없으면 새 길을 만들 것이다."

건축주가 되는 길을 모른다고, 너무 어렵다고, 어떻게 가야 할지 모르겠다고 고민만 하면서 포기해 버리면 안 된다. 길이 없다면 한니발처럼 새 길을 만들어 앞으로 나아가면 되는 것이다. 그러면 결국 건축주의 길도 반드시 보일 것이다.

이제 새로운 길을 만들 준비가 되었는가? 그렇다면 필자와 함께 건축주의 길을 만들어 보자!

Part 1

건축주로
두 번째 인생을
사는 사람들

01

노후주택에서
건축의 **매력**을 맛보다

필자는 첫 번째 건물을 올리면서 건축의 '건' 자도 모르고 건축을 시작했다. 지금 생각해 보면 아주 무모하기 짝이 없었다. 그렇기 때문에 엄청난 시행착오를 겪어야 했으며, 그로 인해 심한 마음 고생을 해야 했다. 특히 시공사와는 계약서를 작성한 후부터 '갑'에서 '을'로 입장이 바뀌는 경험도 했다. 그래서 더 이상 건축사와 시공사 등에 휘둘리지 않기 위해 직접 건축을 공부하기로 마음먹고 건축 및 금융 관련 강의를 듣고 건축과 관련된 자격증도 취득하게 되었다. 그렇게 최소한의 자격을 갖추자 전문가들과 같은 눈높이에서 이야기를 할 수 있게 되었고, 이후 이러한 지식과 경험은 내가 원하는 수익을 창출할 수 있게 해주었다.

그렇게 필자가 첫 번째 건물을 우여곡절 끝에 준공을 하고, 임대를 맞춘 후 안정적으로 월세를 받기 시작했을 즈음 평소 친하게 지내던 공인중개사사무소의 박 이사를 만나게 되었다.

공동투자로
노후주택을 구입하다

박 이사는 아파트 분양권과 상
가 중개를 전문으로 하는 공인중개사였다. 그녀는 필자를 만날 때마
다 본인도 건물을 짓고 싶다고 입버릇처럼 말하곤 했었다. 나 역시
그럴 때마다 우스갯소리로 나도 좋은 거 하나 분양 받을 수 있게 좀
해달라고 말하곤 했다. 어느 날 박 이사가 필자에게 전화를 걸어 진
지하게 건축에 대해 관심을 보였고, 그날 저녁 음료수를 사들고 방문
한 박 이사의 표정은 아주 들떠 있었다.

"대표님, 며칠 전에 제가 가지고 있던 아파트를 시세보다 비싸게
처분했거든요. 그리고 딸 명의로 가지고 있던 아파트 분양권도 팔아
3억원 정도 목돈이 생겼으니 이제 건물을 한 번 지어보고 싶어요."

첫인상에서도 느꼈었지만 박 이사는 아주 진취적이고 능동적인 사
람이었다. 마침 필자는 당시 서울 노원구에 있는 노후된 단독주택을
소개받아 사업타당성을 분석하고 있던 중이었다. 잘 아는 설계사무
소에 의뢰해 가설계를 뜨고 총건축비를 확인해 보는 한편 분양사업
으로 진행할지 또는 임대사업으로 가야할지 고민하고 있는 상황이었
다. 나는 그 자리에서 그 내용을 설명해 주며 박 이사에게 그 물건을
함께 검토해 보자고 제안했다.

그 후 박 이사와 임장(현장조사)도 같이 하며 사업수지분석을 해보

니 분양이 더 사업성이 낫다고 판단되었다. 그리고 이에 따른 분양전략도 고민하며 심사숙고 끝에 박 이사가 3억원, 필자가 2억원의 공동투자로 빌라를 짓기로 하고 계약서를 작성했다(공동투자시 '투자합의서'를 작성하면 이해관계인과의 분쟁을 최소화하여 안전하게 공사를 마무리할 수 있다).

건축이 진행될 사업부지는 제2종 일반주거지역 안의 약 75평 정도의 대지로 노후된 단독주택 자리였다. 박 이사의 노련한 협상능력으로 대지 소유주와 협의 끝에 우리는 평당 750만원이라는 싼 가격으로 5억 4,000만원에 노후주택을 매수할 수 있었다. 보통 노후된 허름한 단독주택이 들어서 있는 대지는 건축물 가격을 낮게 평가하게 된다. 따라서 노후주택은 나대지로 보는 것이 일반적이다.

건축의
매력에 빠지다

노후주택의 매수 후 설계사무소에서 기획설계와 도면작업을 하는 동안 철거팀을 불러 노후된 단독주택을 약 2,300만원을 들여 신속하게 철거했다. 그리고 펜스를 두른 후 기준점을 잡기 위해 지적공사에 경계측량을 의뢰했다.

최종적으로 실시도면이 나오고 해당 구청의 허가를 받은 후 3곳의 시공사에서 견

기획설계

설계개요, 배치도, 평면도, 단면도, 조감도로 실질적인 사업수지분석을 해볼 수 있는 설계도를 말한다. 보통 기획설계 후 기본설계와 실시설계를 하게 된다.

적을 받아 가장 합리적인 수준의 금액을 제시한 곳을 시공사로 선정했다. 그리고 시공사와 계약을 할 때 계약이행증권과 하자이행증권을 발급받아 만일에 대비했고, 선급금 이후 기성금은 감리자를 통해 공정률 확인 후 협력업체(하도급업체)에 직접 지급하는 방식으로 진행했다. 이렇게 감리자의 확인을 통해 기성금을 지급하는 방식으로 하면 건축주가 지급한 금액이 시공사의 또 다른 현장에 쓰이는 것을 사전에 방지할 수 있다. 이와 관련된 자세한 건축의 공정은 뒤에서 자세히 다루도록 하겠다.

또한 필자는 시공사와 계약 당시 인테리어 가구, 조명기구, 도배 및 내부 바닥, 액세서리 등 자재 SPEC을 미리 결정해 나중에 생길 수 있는 분쟁을 사전에 차단했다. 자재 SPEC 등을 사전에 조율하지 않으면 나중에 시공사에서 추가 공사비를 요구할 수 있기 때문이다.

이렇게 사전준비를 마치고, 본격적인 공사가 시작됐다. 필자는 박 이사와 함께 거의 매일 현장을 방문했는데, 기초 터파기부터 골조가 한 층 한 층 올라갈 때마다 박 이사는 건축의 매력에 푹 빠지고 있었다.

사용승인

시공사가 해당 현장의 공사를 완료하여 해당 지자체를 통해 신축된 건물이 건축 기준법 등에 적합하다고 확인을 받고 사용할 수 있다는 필증을 받는 것을 말한다.

"대표님, 건물이 하나하나 올라가니까 너무 뿌듯하네요."

"네, 이 맛에 건축하죠."

그렇게 총 4층까지 골조공사가 끝나고, 외장공사와 내장공사, 기타 마감공사까지 마무리한 후 엘리베이터 필증까지 모두 받을 수 있었다. 토지 매입에서부터 준공

- 서울시 노원구 소재 단독주택(제2종 일반주거지역)
- 토지 및 단독주택 매입가 : 5억 4,000만원
- 총공사비 : 7억 5,000만원(평당 440만원 × 연면적 172평)
- 취득세 및 기타 부대비용 : 8,000만원
- 총소요비용 : 13억 7,000만원
- 8세대 분양 후 양도차익 : 4억 5,000만원

후 사용승인이 나오기까지 총 7개월이 소요되었다. 사용승인이 나고, 박 이사와 필자는 마감재료까지 꼼꼼히 챙기며 체크한 끝에 특별한 하자 없이 성공적으로 준공을 받을 수 있었다.

특히 준공되기 2달 전부터 박 이사는 자신의 전문분야인 중개업무를 살려 분양대행사와 함께 분양업무를 시작했다. 내부공사가 진행될 때 미리 한 개 호실을 모델하우스로 만들어 내방객들에게 적극적인 홍보와 영업에 나섰고, 준공이 떨어지자 한 달이 채 안 돼 성공적으로 모든 분양을 마무리했다.

이를 통해 투자금액을 회수하고 총 4억 5,000만원의 양도차익을 보았으며(세전), 필자에게는 1억 8,000만원의 수익이 생겼다. 이 공동건축사업은 필자가 처음 해본 공동사업으로, 건축의 기쁨과 함께 투자의 결실을 맺을 수 있게 해준 아주 뜻깊은 프로젝트였다.

내가 아는 지인이 있는데
이번에 건축해서 3억 이상 벌었대!

이 이야기의 주인공은 당신이 될 수도 있다. 이제 당신도 건축을 통해 다른 사람들의 꿈과 희망이 되길 바란다. 또한 생산자의 입장에서 최초로 물건을 공급하는 사람이 되어야 한다. 아마도 당신은 물건이 팔리는 경로를 익히 알고 있을 것이다. 물건이 공장에서 생산되면 도매상이 와서 제값에 주고 물건을 사고, 도매상은 다시 소매상에게 교통비와 인건비 등 자기가 고생한 만큼의 마진을 붙여 판다. 그리고 소비자들은 다시 소매상에게 추가적으로 마진이 한 번 더 붙은 가격에 물건을 구입한다. 부동산도 이와 똑같다.

부동산 주인의 손 바뀜이 자주 일어날수록 수익은 점점 줄어든다. 이익을 붙여서 팔고, 또 다른 이들이 이익을 붙이기 때문이다. 그렇기 때문에 가장 최고의 수익을 가질 수 있는 최초 생산자가 되기 위해 건설사들은 앞다투어 아파트나 오피스텔을 짓는 것이다. 최초의 생산자에게 최고의 프리미엄을 가질 권한이 있기 때문이다.

이제 여러분도 최초의 생산자인 건축주가 되어 많은 사람들에게 선망의 대상이 되어 보자. 인생은 새옹지마, 각본 없는 드라마이다. 당신을 항상 최종소비자로 만드는 사회적 틀의 각본에서 탈출하여 생산자의 정신을 펜으로 삼아 조작된 각본을 새롭게 써보자.

#02

땅을 분양받아
꼬마빌딩을 짓다

사람들은 나이가 들수록 공통적으로 한 가지 징후를 보인다고 한다. 그것은 더 이상 미래에 대한 꿈을 꾸지 않는다는 것이다. 하지만 필자를 찾아온 50대 초반의 직장인 K씨는 달랐다.

월급쟁이 직장인 K씨는 은퇴를 앞당기고자 필자에게 상담을 요청했다. 중소기업 임원으로 재직 중인 그는 직장생활 20년 차로 은퇴를 서두르고 싶은 눈치였다. 왜냐하면 몸이 성치 못했기 때문이다. 그는 오랜 기간 잦은 야근과 불규칙한 생활로 고혈압과 당뇨병을 얻었다고 했다. 그뿐인가 요즘 같이 경기가 어려운 시기에 정년퇴임은커녕, 회사로부터 희망퇴직이라는 명분으로 정리해고를 당할까봐 노심초사하며 회사의 눈치를 봐야 했다. 그래서 K씨는 건축을 통해 수익형 부동산을 소유하는 것이 마지막 목표이자 꿈이었다.

그는 직장생활을 하면서도 틈틈이 재테크를 해서인지 주식투자,

채권투자, 뮤추얼펀드 등 모르는 게 없었다. 하지만 그가 가장 신뢰하고, 그에게 큰 수익을 만들어 준 것은 주식도 채권도 월급도 아닌 부동산이라고 말했다.

"제 주변 직장 동료들은 저축, 주식, 뮤추얼펀드, 채권 등 분산투자에 힘을 쏟았지만 저는 그렇게 안했습니다. 왜냐하면 큰돈이 안 된다는 걸 잘 알기 때문이죠. 심지어 원금을 날리는 경우도 많이 봤습니다."

K씨는 분산투자보다 집중투자를, 간접투자보다 직접투자를, 주식보다 부동산을 선택해 높은 수익을 올렸다. 아주 현명한 방법이었다. 그렇게 K씨는 여러 차례 부동산 투자로 큰 재미도 보았다. 이제 그는 건물주가 되어 제2의 인생을 시작하려 한다. K씨는 자신의 지인 중 한 명이 보유하고 있던 토지에 점포겸용 다세대주택을 건축하여 안정적인 노후를 보내고 있다며 부러움 섞인 목소리로 말을 이어갔다.

"제 친구 녀석은 부모님이 물려준 땅에 빌라 두 개 동을 건축해 한 개 동은 분양하고 한 개 동은 월세 받으며 편히 살고 있어요!"

건축의 시작은
토지 매입

하지만 K씨는 부모로부터 물려받은 토지는커녕, 건축 경험도 전무했다. 건축에 있어 첫 번째로 할 일이 바로 토지 매입이다. 상담 결과 K씨의 문제점은 토지 매입에 너무 많은 시간을 허비하고 있었다. 실제 건축에 있어 토지 매입을 위한 노력과 매입비용은 매우 중요한 비중을 차지한다. 또한 건축주 입맛에 맞는 건축물을 건축할 수 있는 용도의 토지를 찾는 것도 쉬운 일이 아니다. 따라서 건축이 가능한 토지 하나만 보유하고 있어도 토지 매입에 따른 엄청난 비용을 절감할 수 있으며, 시간 절약과 함께 높은 수익을 창출할 수 있게 된다. 그러나 K씨는 토지 매입에서부터 갈피를 잡지 못했기 때문에 시작도 못하고 있었다.

"제가 3년 동안 점포용지 한 번 분양받아 보겠다고 수차례 입찰을 해봤지만, 입찰만 들어가면 기본 100명 이상 들어오니 당첨되는 게 하늘의 별 따기에요."

"점포용지 당첨되는 것은 로또 당첨되는 것이나 마찬가지입니다. 최근에는 추첨방식에서 경쟁입찰방식으로 정책을 변경한다니 앞으로 더욱 힘들어지겠죠….."

"맞아요! 대표님. 그래서 입찰은 이미 포기한 상태입니다. 방법 좀 알려주세요."

"방법은 그냥 사는 겁니다."

"네? 그냥 사라니요? 그게 무슨 말씀인지…."

"그냥 사시라고요. 싸게!"

K씨는 택지개발지구 지역 내 한국토지주택공사(LH)가 분양하는 '점포겸용 단독주택용지'(점포겸용주택을 건축할 수 있는 토지)를 분양받기 위해 수차례 입찰에 나섰지만, 경쟁률이 워낙 높아 매번 떨어지고 있었다. 실제로 LH에서 분양하는 점포겸용용지의 경쟁률은 상당히 높다. 최근 원주기업도시 분양 사례를 보면 한 필지에 11,704명까지 몰리기도 했다. 당첨이 되려면 천운이 따라야 한다. 그래서 필자는 K

씨에게 '초피'(소유자 사정에 의해 시세보다 싸게 나온 물건, 프리미엄이 적게 붙은 물건)에 싸게 나온 물건을 사라고 추천했다. 왜냐하면 당첨 확률이 희박한 토지 매입에 너무 많은 시간을 소비하다 보면 처음과 달리 건축 의지가 약해지기 때문이다.

실제 필자는 건축할 토지를 선정할 때 토지 매입까지 1개월을 넘기지 않는다. 그 이유는 좋은 입지와 분양 및 임차가 잘될 만한 토지를 찾으면 제대로 된 가격을 지불하더라도 바로 계약을 하기 때문이다. 결국 제값을 다 주고 사더라도 사업성이 좋은 입지는 더 높은 생산자 프리미엄과 그에 따른 가치상승을 볼 수 있다. '싼 게 비지떡'이란 속담처럼 싸게 나온 토지는 다 이유가 있다.

K씨처럼 많은 사람들이 투자를 한다고 하면서도 실익 없는 행동을 지속하고 있다. 로또에 당첨되기 위해 번호 맞추기를 해봐야 항상 빗나가는 것처럼, 언제까지 확률이 적은 게임에서 승리하기 위해 시간을 허비할 것인가? 우리가 그러고 있는 사이에도 땅값은 가파르게 상승하고 있다. 따라서 적당히 싸게 나온 물건을 즉시 사는 것이 현명한 선택이고 비용을 줄일 수 있는 방법이다. 그렇게 K씨와 미팅이 끝나고, 필자는 사업성이 좋은 점포겸용용지를 알아봐 주기로 했다.

점포겸용용지의 경우 필지당 면적은 평균적으로 70~100평 사이로, 보통 1층은 상가 2, 3, 4층은 다가구주택으로 설계하여 건축할 수 있는 토지이다. 1층은 상업시설로 점포(편의점, 미용실, 커피숍, 식당 등)를 임차시킬 수 있으며, 2, 3, 4층은 주거용으로 임차를 줄 수 있다. 보통 꼭대기 층은 주인세대로서 건축주가 거주하기도 하지만 전부 임차를 주는 경우도 많다. 따라서 전부 임차를 주는 경우 1층 상가점

점포겸용주택 건축유형 예시

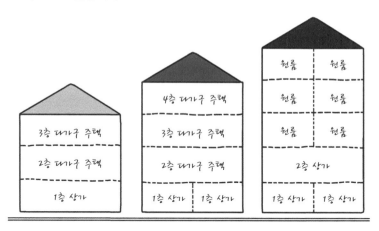

포에서 발생하는 월세와 2, 3, 4층의 주거용에서 발생하는 월세를 합하면 높은 월세 수익을 창출할 수 있다. 그렇기 때문에 점포겸용용지는 실수요자들이 매우 선호하는 투자물건이다.

"청라국제도시에 급매로 나온 땅이 하나 있는데, 한 번 보실래요?"

때마침 청라국제도시에 주변에 비해 프리미엄이 1억원 이상 싸게 나온 매물이 있었다. 입지도 아주 양호했다. 나는 곧바로 해당 토지를 토대로 사업기획 및 사업타당성 검토를 해보았다. 아주 긍정적인 결과가 나왔다. 그렇게 사업기획을 기초로 하여 기획설계와 함께 시장환경분석 및 사업수지분석도 해보았다(기획설계시 최유효 공간활용이 아주 중요하다. 필자는 평소 잘 알고 지내는 여러 협력 건축사무소를 통해 건축주의 수익률을 극대화할 수 있는 설계업체를 비교해 선택했다).

결과는 사업이익이 양호하게 나오는 구조였다. 급히 K씨를 사무실로 불러 사업타당성 결과를 전달하고, 토지를 다른 사람이 채가기 전에 계약부터 하기로 했다. 다음 날 오전에 토지 계약을 마치고, 일사천리로 건축사무소를 선정했다. 설계개요를 받고, 이를 토대로 시공사 몇 곳에 견적서를 보냈다. 5곳 시공사의 비교견적을 받아 그중 수주의사가 가장 적극적이고 지역에서 평판이 좋았던 S업체와 공사를 진행하기로 결정했다. 변수 없이 일이 술술 풀려갔다. 그리고 보름 후 해당 관청으로부터 건축허가를 받아 공사를 시작했다.

11억원을 투자해
15억원의 건물주가 되다

총공사비는 토지 매입부터 건축까지 11억원이 들어가는 프로젝트였다. K씨는 자금에 여유가 있어 토지 매입시에만 50% 대출을 받았으며, 공사는 전부 현금으로 진행했다(물론 공사비가 부족한 경우 P2P 금융을 통해 토지비와 건축비를 대출받을 수도 있다). 그렇게 7개월 동안 큰 하자 없이 공사를 마무리하고 준공을 받았다. 건물주가 되는 데까지 1년도 채 걸리지 않은 것이다.

K씨는 인천광역시 청라국제도시 점포겸용주택을 매입하여 3층짜리 점포주택을 건축했고, 건축물 준공 이후 1층은 학원으로 임차를 주었으며, 2층과 3층의 다가구주택은 신혼부부에게 월세를 주었다. 그뿐인가 건축비와 토지 매입비 모두 합쳐 총 11억원 가량이 들어갔으나, 현재 건물 시세는 15억원으로 뛰었다고 한다. 시세차익 4억원의 가치는 최초생산자인 K씨의 생산자 프리미엄인 셈이다.

- 토지용도 : 단독주택용지(점포겸용)(건폐율 : 60% 용적률 : 150%)
- 대지면적 : 90평(바닥면적 : 45평, 연면적(바닥면적의 합계) : 135평)
- 평 단가 : LH 공급가 540만원 × 90평 + 프리미엄 6,000만원 = 5억 4,600만원
- 건축비 : 평당 440만원 × 135평 = 5억 9,400만원
- 총비용 : 11억 4,000만원
- 보증금 합계 : 4억 2,000만원(월 임대료 : 500만원)
- K씨 실투자금 : 총비용 11억 4,000만원 - 보증금 4억 2,000만원 = 7억 2,000만원(수익률 8.3%)
- 현재시세 : 15억원
- 시세차익(생산자 프리미엄) : 4억원

03

공동투자로
투자금을 **분산**하다

필자는 부동산중개업을 할 당시 외식창업을 희망하는 고객들을 많이 만났다. 대부분의 창업을 준비하는 고객들은 직장을 그만두거나 직장에 다니면서 투잡으로 외식창업에 뛰어드는 사람들이었다. 그런데 이들의 공통점은 막연하게 성공할 수 있다는 자신감 만으로 철저한 준비도 없이 자영업에 뛰어든다는 것이다. 나는 매번 외식창업을 희망하는 고객들의 점포를 중개하면서 내심 '이분은 얼마나 버틸까?'라는 생각에 마음이 편치 않았다. 그만큼 경기가 어려운데다 열에 아홉은 1년을 못 버티고 망해 나가는 것을 수없이 지켜봤기 때문이다. 외식창업을 시작하는 많은 사람들, 그들은 한 번의 실패로 인해 재기불능상태에 빠지며 파산하기도 한다. 그런데도 수많은 사람들이 뭔가에 홀린 듯 불나방처럼 지옥의 창업 길로 뛰어들고 있다.

모이면 강하다!
공동투자로 건축의 시작을 맛보다

직장인 A씨는 창업을 위해 직장을 그만두었다. 정해 놓은 뚜렷한 아이템은 없었지만 직장생활을 하며 틈틈이 창업 세미나에 참석하며 식견을 넓히고 창업과 관련된 책들도 정독하며 창업에 대한 꿈을 키워나갔다. 그런데 막상 직장을 그만두고 프랜차이즈 창업을 하려고 보니 생각했던 것보다 더 많은 돈이 필요했다. 프랜차이즈 회사에서 보내준 견적이 자신이 예상했던 금액보다 훨씬 더 많았던 것이다. 비용이 적게 드는 업종으로 바꿔 볼까 고민도 하고 규모를 더 작게 시작해 볼까도 생각해 봤지만, 그렇게 되면 자신이 계획했던 아이템과 너무 빗나가게 되었다. 그리고 소액으로 시작하는 외식창업이다 보니 주변 지인들의 만류도 만만치 않았다. 시간이 지날수록 자신감은 점점 줄어들었다.

그렇게 몇 개월 동안 창업을 고민하던 A씨는 우연한 기회에 지인의 추천으로 부동산 경매 공부를 시작하게 되었다. 경매 투자로 창업 비용을 좀 더 불려보려는 생각이었다. A씨는 창업의 꿈을 잠시 접고 6개월 동안 경매 공부에 매진했다. 다행히 퇴사 후 실업급여를 받고 있어서 공부에만 집중할 수 있었다. 회사를 다니며 모아둔 돈과 퇴직금에는 손도 대지 않고 부동산 공부에 매진하던 중 우연히 필자의 세미나에 참석해 인연을 맺게 되었다. 세미나를 마치고 참석자들과 인사를 나누고 있는데 A씨가 캔 커피 하나를 사들고 나에게 슬며시 다가와 나직한 목소리로 말했다.

"대표님, 오늘 강연 너무 인상 깊게 들었습니다. 혹시 저도 공동투자에 끼어주시면 안 될까요? 열심히 하겠습니다."

그의 갑작스런운 질문에 웃음이 튀어나왔다. A씨는 투자는 하고 싶은데 겁은 나고 투자금도 많지 않아 내가 운영하는 공동투자모임에 끼워 달라는 것이었다. 당시 나는 몇몇 지인과 투자자들과 함께 빌라 개발 펀드모임을 진행하고 있었다. 그는 나에게 그 펀드모임에 합류하고 싶다고 조심스럽게 말하고 있는 것이었다. 나는 젊은 나이에 창업을 하려고 회사도 그만둔 A씨가 안쓰러우면서도 대견해 보였다. 그렇게 A씨는 우리 모임에 합류하게 되었고, 세 번째로 진행하는 프로젝트인 안양시 비산동 다세대빌라 신축사업에 함께 투자를 하게 되었다

총공사비는 토지 매입부터 준공까지 8억 5,000만원가량 예상되었고, 주변 20평형대 빌라의 평균 분양가는 1억 4,000만원~1억 5,500만원 정도에 형성되어 있었다(세대당 분양가는 1억 5,000만원으로 확정, 총 8세대 분양시 12억원). 건축회사와 도급계약을 체결하고 자금관리는 부동산신탁회사에서 진행하기로 했다. 총 7명이 투자금을 모아 들어갔으니 수익금도 7분의 1로 분배하기로 했다. 착공부터 준공까지 6개월가량 소요되는 사업이었고, 나는 착공과 동시에 분양을 진행했다. 만약 미분양이 날 경우에는 월세나 전세로 돌려 투자금 일부를 회수한 상태에서 일정 기간 보유하다 분양을 하겠다는 출구전략도 세우고 있었다. 그러나 미분양이 나더라도 8세대 모두 전세와 월세를 맞춘다면 투자금은 모두 회수할 수 있는 안전한 구조였다.

다행히도 역세권 근처라 준공 전후로 총 8세대 중 7세대의 분양이 완료되었다. 1세대당 분양가는 1억 5,000만원으로, 총 7세대(10억

- 토지 매입비용 : 3억 5,000만원
- 건축비용 : 4억 3,000만원
- 취득세, 준공비용, 신탁비용, 부대비용, 기타 경비 : 7,000만원
- 총소요비용 : 8억 5,000만원
- 8세대 분양가 : 1억 5,000만원 × 8세대 = 12억원
- 8세대 양도 후 차익 : 3억 5,000만원(세전)

5,000만원)가 분양되어 투자원금 8억 5,000만원을 확보하고도 2억원의 수익이 생겼다. 그리고 분양이 안 된 1세대는 보증금 1,000만원과 80만원에 월세를 주었고, 매달 들어오는 월세는 투자자들에게 투자금 비율대로 매월 입금했다. 그렇게 월세를 주다 1년도 안 되어 실거주자에게 분양을 했다. 아주 성공적인 투자였다.

부동산 투자의
패러다임이 변하고 있다

이 사례처럼 아무리 덩치가 큰 부동산 투자라도 다수의 사람들이 모이면 투자가 가능해지고, 높은 수익을 만들 수 있다. 이제 부동산 투자의 방식도 새로운 패러다임으로 변해가고 있다. 우리는 임대인이 되어 월세를 받을 수 있으며, 투자자의 위치에서 수익금을 분배받을 수도 있고 생산자가 되어 생산자 프리미엄을 얻을 수도 있다. 선택은 당신의 몫이다.

#04

P2P 대출을 활용해
상가주택을 짓다

대한민국 직장인들의 은퇴시기가 꾸준히 앞당겨지고 있다. 그렇다면
은퇴자산의 현주소는 어떨까? 800만 베이비부머 세대의 은퇴자산을
조사한 결과 순자산이 3억원도 안 된다는 수치가 절반을 넘었다. 3억
원 이상 5억원 미만은 20.1%, 5억원 이상을 보유하고 있다는 응답은
23.8%에 그쳤다.

그렇다고 은퇴 후 나올 연금에 기댈 수 있을까? OECD에 따르
면 평균 소득층의 소득대체율이 2018년 기준 한국은 39.3%로 나타
났다. 이는 미국(71.3%), 일본(57.5%), 독
일(50.9%) 및 OECD 평균 소득대체율인
59%보다 낮은 수준으로, 노후생활을 영위
하는데 필요한 연금액이 매우 낮음을 의미
한다.

엎친 데 덮친 격으로 국민연금 수령액은

소득대체율
연금가입기간 중의 평균소
득을 현재가치로 환산한
금액 대비 연금지급액으
로, 연금액이 개인의 생애
평균소득의 몇 %가 되는
지를 보여주는 비율이다.

점점 줄어들고 있고 수령시기는 늦춰지고 있다. 이미 국가도 우리의 은퇴 후 노후를 책임져 줄 수 없다. 본인 스스로 은퇴 후 계획을 미리 준비하여 행복한 노후를 위한 기반을 다져야 한다.

은퇴 후 남부럽지 않은 노후를 보내기 위해
최고의 재테크 수단은 무엇일까?

필자는 당연히 건축이라고 말하고 싶다. 건축을 통해 건물주가 되면 은퇴시기를 회사가 정하는 것이 아니라 본인의 의지대로 앞당길 수 있기 때문이다. 사례를 하나 살펴보자.

모 대기업에 다니면서 회사 일을 성실하게 하는 평범한 대한민국 직장인 B씨는 항상 과도한 업무에 시달렸다. 잦은 야근과 회식으로 건강은 악화되어 갔고, 주말에는 집에서 쌓인 피로를 풀기 바빴다. 그러던 중 B씨는 필자가 건축을 하여 건물주가 된 것을 보고 부동산에 관심을 가지게 되었다. 그는 대기업에서 받는 고액의 연봉 대신 건물주가 되어 월 300~400만원 정도만 받을 수 있는 시스템을 만들면 바로 사표를 던지고 나오겠다고 입버릇처럼 말했다. 하지만 대기업에 다니면서 본인 업무에만 매달렸던 사람이 부동산의 '부' 자를 알리 만무했다.

B씨는 일하지 않아도 본인을 위해 충실하게 일해 줄 수익형 부동산을 가지고 싶어 했다. 당장 퇴사를 하지 않더라도 수익형 주택이 있다면 더 이상 미래에 대해 불안해 하지 않아도 되며, 더 윤택한 삶

을 살 수 있기 때문이다. 월급쟁이 직장인이라면 누구나 B씨와 같은 바람을 가지고 있을 것이다. 그렇게 B씨는 필자의 도움을 받아 건축주가 되기로 결심했다.

부족한 자금을
P2P 금융으로 조달하다

B씨 역시 수익성이 좋고 안전한 '점포겸용 단독주택용지'를 알아보았으나 경쟁률이 너무 치열해 바로 포기를 했다. 그리고 수익형 주택을 지을 만한 괜찮은 대지가 나온 지역들을 샅샅이 조사했고, 경기도 안양에서 괜찮은 대지를 발견했다. 해당 대지는 제2종 주거지역에 있는 나대지 상태의 58평 대지로 주변에는 빌라들이 들어서 있었고, 도보 10분 거리에는 아파트가 있는 전형적인 주택단지였다. 인근에 초등학교와 중학교가 있어 유흥거리는 찾아볼 수 없었고, 이제 상권이 형성되고 있는 단계라 상가주택으로 수익을 낼 수 있을 것으로 판단했다.

가도면을 만들어 보고 사업수지분석 후 필자와 B씨가 생각했던 대로 상가주택을 건축하여 임대수익을 받는 방식으로 진행하기로 결정했다. 1층 상업시설은 점포로 임대를 주고, 2층 주거용 주택은 전세 및 월세로 임대를 주며, 3층은 임대와 함께 주인이 실거주하는 형태였다. 이러한 상가주택은 최근에 이슈가 되고 있는 꼬마빌딩의 대표적인 형태라고 생각하면 된다. 앞에서 언급했듯이 통상적으로 월세 수입이 생기는 건물을 수익형 부동산 또는 수익형 주택(건물)이라고 부른다. 이외에도 원룸빌딩, 점포주택, 상가주택, 근생주택, 꼬마빌딩 등 다양한 이름으로 불리고 있다. 이름만 달랐을 뿐이지 전부 같은 형태이다.

이 점포주택은 위에서 언급한 이름 외에 전문가들이 우스갯소리로 부르는 이름이 하나 더 있는데, 바로 '고통분담형 주택'이다. 실제로 점포주택의 건물주들은 건물을 짓기 전 자금사정이 여의치 않은 경우가 대부분이다. 토지 값을 내고 건축비를 내다 보면 어느새 빈털터리가 되어 건물을 준공할 자금이 부족해지는데, 이러한 경우 앞으로 들어올 임차인들에게 전세 및 월세 보증금을 받아 건축비를 충당한다고 하여 이러한 이름이 붙었다. B씨도 억대 연봉을 받는다고 하지만 그동안 모아놓은 자금은 2억원이 전부였다. 그래서 필자는 B씨에게 토지 매입 후 토지잔금과 공사비 전액을 P2P 금융을 이용하여 진행하고, 준공 후 완공된 건물을 가지고 대출을 받아 상환하도록 조언했다.

해당 대지의 면적은 약 58평으로 5억 3,000만원에 매입했고, 이 중 토지가의 30%인 1억 5,900만원은 본인 돈으로 지불하고 나머지 토지 잔금과 공사비 전액은 P2P 대출로 충당하여 공사를 진행했다. 신축할 건물은 다락이 있는 3층 건물로 건축비는 총 5억원 정도이고, 이외에 부대비용으로 6,000만원 정도가 더 들어가 총공사비로 5억 6,000만원이 소요되었다.

공사가 진행되며 골조가 올라가기 시작하면서 B씨는 점점 본인의 꿈이 현실로 실현되는 것이 보이자 다니던 회사에 사표를 냈다. 그리고 매일매일 현장에 들러 공사의 진척상황을 살폈다. 대지 물색에서

- 경기도 안양시 소재 점포주택(제2종 일반주거지역)
- 토지 시세가 : 5억 3,000만원(58평)
- 총공사비 : 5억 6,000만원(평당 470만원 × 연면적 120평)
- 월 임대수익 : 800만원
- 월 대출이자 : 약 250만원
- 실제 월 임대수익 : 550만원

부터 건물 준공까지 1년이라는 기간 동안 필자는 B씨를 옆에서 지켜보면서 오랜만에 B씨의 웃는 얼굴을 볼 수 있었다. 대기업에서 힘들게 일했을 당시의 B씨가 아니었다. 그렇게 공사가 완료되어 준공이 나자 목적물 대출로 P2P 대출을 상환했다.

1층에는 보증금 5,000만원과 월 500만원에 편의점 임대를 주었는데, 계약 당시 B씨의 행복해 하던 얼굴을 지금도 잊을 수 없다. 예정대로 2층과 3층에는 월세 세입자를 들여 1층 편의점을 포함하여 보증금 1억 2,000만원에 매달 꼬박꼬박 800만원의 임대료를 받고 있다. 그리고 B씨는 3층에 거주하면서 임대수익과 함께 여기저기 여행도 다니면서 자유롭게 인생을 즐기고 있다. 그는 본인이 평소 못했던 일들을 해보면서 앞으로 인생을 어떻게 설계할지 생각해 볼 시간을 갖는다고 한다.

Part 2

오늘부터
당신은
예비 건축주!

#01

'건축주 되기 프로젝트'를
시작하다

얼마 전 TV에서 뉴스를 보다 열 살 남짓한 여자아이가 "나중에 커서 뭐가 되고 싶어?"라는 리포터의 질문에 당당하게 "건물주요!"라고 대답하는 것을 보았다. 내가 저 나이 또래였을 때에는 의사나 대통령, 선생님, 과학자가 되는 꿈을 꾸었었는데, 요즘 아이들 사이에서 건물주는 최고의 인기 있는 직업 중 하나인 것 같다.

필자가 부동산 투자를 시작한 지도 벌써 10년이 넘었다. 경매 투자부터 시작해 분양권 투자, 상가 투자, 꼬마빌딩 투자 등 여러 가지 투자를 통해 수많은 실패와 시행착오 그리고 성공을 거듭하면서 실전 경험과 노하우를 쌓았다. 그리고 모든 부동산 투자의 정점이자 많은 투자자들이 꿈꾸는 건축주가 되기로 결심했다. 이미 누군가가 만들어 놓은 건물(꼬마빌딩, 아파트, 상가, 빌라 등)이 아니라 처음부터 끝까지 새로운 것을 창조하는 '건축주' 말이다.

하지만 필자 역시 부동산 투자는 수십 번 해보았지만 한 번도 건물을 지어보지 않았기 때문에 처음에는 두려움이 컸다. 무엇보다 건물을 짓기 위해서는 건축실무 경험과 노하우가 필요한데, 실무 경험이 없다 보니 걱정이 앞섰다. 그러나 우리는 모든 면에서 완벽하지 못하더라도 모든 것을 아웃소싱할 수 있는 능력을 가지고 있기에 과감하게 시작을 했다.

미국의 자수성가한 30대 백만장자 엠제이 드마코는 이런 말을 했다. "나는 아무것도 시도하지 않은 것을 후회하느니 실패를 후회하는 삶을 살겠다." 이 말처럼 한 번 부딪혀서 방법을 찾다보면 분명 길이 열리기 마련이다. 그렇게 나의 '건축주 되기 프로젝트'는 시작되었다.

건축주가 되기 위해서는 무엇부터 시작해야 하나요?

1) 우선 기초공부가 필요하다

공부를 해야 했다. 건물을 사고팔 때는 용도지역에 따른 건폐율·용적률 등을 알아야 하지만, 건물을 짓기 위해서는 건축법과 주택법까지 알아야 했다. 그래서 건축 관련 서적을 닥치는 대로 읽고, 관련 교육과 금융교육을 배우는 것부터 시작했다(건폐율, 용적률 등 건축 전문용어는 관련 장에서 따로 설명하도록 하겠다).

2) 땅에 대한 지식이 필요하다

그리고 건물을 짓기 위해서는 당연히 땅이 필요하다. 나는 꾸준히 경매투자를 하고 있었기 때문에 건축을 할 수 있는 좋은 토지가 있는지 수시로 검색을 했다. 그러다 정말 괜찮은 물건이 나왔다 싶으면 만사 제쳐 놓고 바로 임장(현장조사)을 가서 시세파악과 함께 입지분석, 수요조사에 들어갔다. 조사하다 막히는 부분이 있으면 그동안 쌓아온 나의 부동산 인맥을 총동원하여 조언을 구했다.

이러한 일상이 계속되어 지쳐갈 즈음 인천에 정말 괜찮은 토지 하나를 경매로 발견했다. 해당 물건은 나대지(지상에 건축물 등이 없는 대지)에 권리도 복잡하지 않았고, 무엇보다 용도가 '일반상업지역'의 노른자위 땅이었다. 일반상업지역이라면 용적률이 높아 건물을 높게 지을 수 있기 때문에 충분히 수익성이 있을 것으로 예상했다.

3) 가도면을 그려본다

입찰 전 사업성이 충분히 있다고 판단한 나는 설계사무소를 찾아가 가도면(기획설계)을 의뢰했다. 가도면이 나오는 기간은 보통 5~7일 정도 걸리는데, 그 기간이 마치 한 달처럼 길게 느껴졌다. 그렇게 일주일이 지나고 설계사무소에서 가도면이 나왔다는 연락이 왔다. 난생 처음 설계도면을 보는데 벌써 건물을 다 지은 것 같은 생각이 들었다.

4) 수지분석을 해본다

도면을 확인하고, 수지분석을 해본 결과 예상대로 수익률이 좋게 나

왔다. 게다가 경매로 싸게 땅을 낙찰받아 진행하는 사업이고, 일반상
업지역이지만 토지 평수가 50평이라 다세대주택으로 분양을 하기보
다는 근린생활시설로 건축하여 임대수익을 받기에 적합했다. 그래서
고심 끝에 근린생활시설로 건축하여 임대로 운영하기로 결정했다.

5) 땅을 구입하다

하지만 이 모든 건 경매로 토지를 낙찰을 받아야 진행할 수 있었다.
김칫국부터 마시기 싫었던 필자는 현황조사 및 시세파악을 통해 경
매 전날 입찰금액을 정하고, 다음 날 법원으로 향했다. 언제나 그렇
듯이 경매는 낙찰받기 전까지 긴장의 끈을 놓을 수 없었다. 그리고
다행히 차순위(2순위)와 근소한 차이로 낙찰을 받았을 때 안도의 숨
을 내쉬었다. 한 달 후 잔금을 치르고, 소유권이전등기까지 완료한
후 본격적으로 '건축주 되기 프로젝트'가 시작되었다.

6) 건물을 짓다

이후 실시설계에서부터 시공사 선정 후 시공, 준공까지 진행하면서
준비해야 할 것들과 챙겨야 할 사항이 많았지만 차근차근 순서를 밟
아 가다 보니 어느덧 건물이 완성되었다.

7) 분양을 하거나 임대 후 통매각을 하다

그렇게 준공 후 공실 없이 임차를 맞추고, 지금은 꼬박꼬박 월세를
받으며 임대사업을 운영해 가고 있다. 그리고 차후 2년이 지나 양도
소득세가 낮아지는 시점에는 건물 전체를 통으로 매각할 예정이다.

이때 제1차 생산자의 입장에서 임대수익률을 연 6%(자기자본금 100% 기준)에 맞추어 매물을 시장에 내놓는다면 충분히 매력적인 상품이다. 최근 서울시 기준 수익형 부동산(꼬마빌딩)의 임대수익률은 연 4%만 넘어도 괜찮은 물건으로 취급되기 때문에 수도권 기준으로 연 6% 이상이면 어렵지 않게 정리(매도)할 수 있다. 만에 하나 매도자가 나타나지 않아 장기보유를 하게 될 경우여도 매월 월세를 받으며 보유하면 되기 때문에 필자가 손해 볼 일은 전혀 없다. 또한 건물의 위치도 역세권이라 땅값도 지속적으로 오르고 있다.

이렇듯 건축주는 다세대주택으로 건축하여 분양을 하거나 근린생활시설로 임대를 주는 등 어떤 수익형 부동산을 건축하느냐에 따라 수익구조가 달라지겠지만, 임대 후 통매각을 통해 임대수익과 양도차익이라는 두 마리 토끼를 동시에 잡을 수도 있다.

건물을 지으려면
돈이 많이 필요하지 않나요?

일반인들은 처음 건물을 짓는다고 하면 '많은 자금이 확보되어 있어야 건축주가 될 수 있다'고 생각한다. 하지만 직접 건축주가 되어 건물을 지어본다면 그것은 착각이라는 걸 금방 알게 된다. 일단 토지가 있으면 토지담보로 대출을 받을 수 있고, 또 요즘 한창 뜨고 있는 P2P 금융을 통해 중금리로 건축자금을 조달받아 건축을 진행할 수도 있기 때문이다.

그리고 무엇보다 건축은 기성금(공정률에 따라 공사비 지급) 형식으로 공사가 진행되기 때문에 처음부터 공사비를 전부 시공사에게 지급할 필요가 없다. 또 마지막 준공자금은 준공 후 사용승인이 나면 토지와 건물을 통으로 담보를 잡고 시중은행에서 대출을 받아 지급하는 방법도 있다. 이렇게 되면 총사업비의 적게는 15%에서 많게는 30% 미만의 자기자본을 보유하고 있다면 준공까지 완료할 수 있다.

'이게 무슨 사기꾼 같은 소리냐고?' 모두 가능한 일이다. 예를 들어 10억원짜리 건물을 짓는다고 하면 적게는 1억 5,000만원에서 3억원 정도만 있어도 건축이 가능하다는 것이다. 대부분의 사람들이 10억원짜리 건물을 짓는다고 하면 자기자본이 최소 7~8억원 정도는 필요하다고 생각한다. 필자 역시도 그랬다. 하지만 그렇게 자기자본을 투자해서 건물을 짓는 사람은 대한민국에 한 사람도 없다. 똑똑한 사람들은 모두 자기자본은 최소화하고 금융권의 레버리지를 통해 건물을 짓는다. 필자도 그렇게 건축을 진행했고, 건물을 준공하여 공실 없이 임대를 맞추었다. 물론 '억'이 넘어가는 적지 않은 금액이지만, 상식적으로 건물을 짓기 위해 훨씬 많은 돈이 소요되는 것으로 알고 있는 당신에게 희소식이 아닐 수 없다. 이런 엄청난 기회를 당신은 지켜보고만 있을 것인가?

물론 월급쟁이 직장인들의 경우 몇 억원의 종자돈이 없을 수도 있다. 이런 경우여도 마음이 맞고 꿈이 같은 사람들끼리 똘똘 뭉쳐 '탄탄한 조직력과 일정한 자금력'을 확보한다면 위치 좋고 수요가 많은 지역에 최소비용을 들여 가치있는 건물을 지어 최대의 수익을 창출할 수 있다. 바로 '333 프로젝트'이다.

333 프로젝트는 3명의 사람이 3억원씩 십시일반 모아 9억원을 만

들어 30억원짜리 건물주가 될 수 있다는 것이다. 예를 들어 서울에 위치한 제2종 일반주거지역 100평(330㎡) 10억원짜리 토지를 레버리지를 이용해 매입한다고 가정해 보자. 10억원 중 70%의 대출을 받는다면 자기자본 3억원이 들어간다. 이 토지는 제2종 일반주거지역이므로 건폐율 60% 이하 용적률 250% 이하여서 100평 토지 중 50평에 건물을 짓는다고 했을 때 일조사선 제한을 받지 않는다면 4층까지 건물을 올릴 수 있다. 그렇다면 50평 건물이 4층까지 올라가니 총바닥면적은 200평이 되며, 총공사비(평당 450만원 가정)는 9억원이 발생한다. 이때 공사비 9억원 중 3억원을 투자하고 나머지 6억원은 P2P 금융을 이용해 대출을 받는다. 그리고 이 외에 설계비용과 분양비용, 금융비용, 세금 등 기타 비용들을 모두 정산하면 3억원 정도 들어간다. 그리고 이 건물은 완공 후 분양을 목표로 했을 때 총 8세대로 1세대당(서울시 다세대주택 30평 기준) 평균 분양가 4억원을 잡는다면 32억원의 총분양수익이 발생된다.

간단하게 자본구조를 분석해 보면 3명이 3억원씩 모아 9억원을 만들었고, 지출액은 토지매입비 10억원 + 공사비 9억원 + 각종 제세공과금 3억원으로 22억원의 총지출액으로 발생했다. 따라서 총자기자본지출액(9억원) 대비 10억원의 수익이 생긴 것이다. 이처럼 자기자본투자대비(ROE) 100% 이상 수익이 발생하게 된다. 물론 이 가정은 8세대 모두 분양이 성공했을 경우이다. 그러나 분양이 성공하지 못하더라도 전세나 월세 또는 상황에 따라 후분양이나 할인분양으로 처분할 수도 있다. 이렇듯 '규모의 경제'는 건축에서도 통한다.

#02

건축주가 되기 위한
첫걸음

건축에 대한 고민을 하던 중 친구의 신혼집을 방문할 기회가 있었다.
보통 요즘 젊은 부부들은 결혼하면 대부분 아파트를 선호한다. 그런
데 친구의 집은 서울 양천구에 있는 빌라였다. 방이 세 개나 되고, 화
장실도 꽤 괜찮은 사이즈에 알차게 잘 나온 구조였다. 필자는 친구에
게 "이거 24평이야?"라고 물었더니, 친구는 "무슨 소리야. 이거 18
평이야."라는 것이었다. 나는 내 눈을 의심할 수밖에 없었다. '아니
이렇게 큰데 18평이라니.'

아파트에서만 살아온 필자는 아파트와 빌라에 적용되는 공용면적
이 다르다는 사실을 그동안 간과하고 있었다. '이 정도면 이 정도 평
수겠지?' 하는 잘못된 생각으로 빌라를 짓는 건축주가 되려고 했던
것이다.

분양을 하든 임대로 임차인을 받든 '이 정도 면적이면 이 정도의

생활은 가능하겠구나' 하는 감이 없다면 제대로 된 건물을 지을 수 없을 뿐만 아니라 사업에 실패할 수밖에 없다. 지피지기면 백전백승이라 했다. 무엇보다 건축주가 되고자 하는 예비 건축주들은 아파트가 아닌 중·소형 빌라 같은 수익형 주택에 더 관심을 가져야 한다.

수익형 주택은
어떤 것들이 있나요?

수원 영통구 광교의 카페거리를 거닐다 필자의 마음에 쏙 드는 건물이 눈에 들어왔다. 1층은 꽃집이었고, 위층은 주택 형태의 전형적인 점포겸용주택이었다. 좀 더 정보를 얻기 위해 근처 공인중개사사무소로 향했고, 사장님을 통해 건물의 내역을 들을 수 있었다(공인중개사사무소를 통해 제대로 된 정보를 얻기 위해서는 매수자 또는 투자자 입장에서 물어봐야 한다).

2014년에 신축된 대지 약 90평에 연면적 약 164평의 4층 건물로 역시 필자의 예상대로 4층은 주인세대가 거주하고, 2층과 3층은 투룸 임대를 주고 있었다. 각 층당 투룸으로 된 세대가 한 세대씩 있었고, 세대별로 2억 8,000만원씩, 총 5억 6,000만원의 전세보증금을 받아 건축자금에 충당한 사례였다. 그리고 1층 꽃집은 보증금 1억원에 월 500만원의 임대료를 받고 있었다. 이야기를 듣다 보니 너무 욕심나는 좋은 물건이었다. 이렇게 상가주택은 주거와 수익이라는 일석이조의 효과를 누릴 수 있는 멋진 건물이다.

성공하는 건축주가 되기 위해서는 수익형 주택으로 눈을 돌려야

수익형 주택의 기본구성

용도	세분	특징	등기
단독주택	다중주택	• 공동식당 사용(예전의 하숙집 형태) • 개인 취사 불가, 욕실 있음 • 바닥면적 합계 330㎡ 이하 • 3개층 이하	구분등기 안 함
	다가구주택	• 바닥면적 합계 660㎡ 이하 • 19세대 이하 거주 • 3개층 이하	
공동주택	다세대주택	• 바닥면적 합계 660㎡ 이하 • 4개층 이하	구분등기
	연립주택	• 바닥면적 합계 660㎡ 초과 • 4개층 이하	
	도시형생활주택	• 단지형 연립, 단지형 다세대, 원룸형(1.5룸 가능) • 세대당 전용면적 85㎡ 이하 또는 14~50㎡(원룸형)	
그외	근린생활시설	• 공동식당 사용 • 개인 취사 불가, 욕실 있음 • 고시원, 고시텔의 형태 • 바닥면적 합계 500㎡ 이상이면 숙박시설	구분등기 안 함

한다. 여기서 말하는 수익형 주택이란 다중주택, 다가구주택, 연립주택, 다세대주택, 도시형생활주택 원룸형, 근린생활시설 등을 말한다. 어디서 한 번쯤은 들어본 것 같기도 하고, 이게 이거 같고 저게 저거 같고 혼란스러울 수도 있다. 그럼 간단하게 수익형 주택에서 우리가 관심을 가져야 하는 주택의 종류에 대해 살펴보도록 하자.

1) 단독주택과 공동주택

주택은 크게 단독주택과 공동주택으로 분류할 수 있다. 단독주택은 한 사람이 전체를 소유하는 주택이고, 공동주택은 여러 명으로 소유권이 분리되어 있는 주택을 말한다. 드라마에 나오는 으리으리한 주택과 아파트를 비교하면 쉽게 이해할 수 있다. 돈 많은 사람들이 많이 거주하는 성북동 주택은 대부분 한 명의 소유로 되어 있다. 한 명이 소유하기 때문에 사고파는 것도 소유자 마음이다. 하지만 아파트는 각 호수마다 소유자가 정해져 있으며, 여러 명의 사람들이 소유자로 구분등기가 되어 있어 아파트 한 동 전체를 사고팔 수는 없다. 단지 소유자가 살고 있는 한 호수만 사고팔 수 있을 뿐이다.

2) 다가구주택과 다세대주택

단독주택과 공동주택의 대명사인 다가구주택과 다세대주택을 비교해 보자. 둘은 비슷해 보이지만 전혀 다르다. 다가구는 단독주택이고, 다세대는 공동주택이다. 즉, 다가구는 소유자가 한 명이고, 다세대는 아파트처럼 소유자가 여러 명이다. 따라서 사업 목적에 따라 다가구로 지을지, 다세대로 지을지 신중하게 판단해야 한다. 다가구는 소유자 한 명이 여러 개의 독립된 가구에 세입자를 들여 임대받는 목적으로, 다세대는 아파트처럼 준공 후 분양을 목적으로 건축한다.

3) 점포겸용주택(상가주택)

이외에도 꼭대기 층은 주인인 본인이 거주하고, 1~2층의 저층은 점포나 사무실로 쓰고, 나머지 층은 투룸이나 원룸으로 임차인을 들이는 꼬마빌딩 형태의 점포겸용주택도 예비 건축주들이 관심을 가져야 하는 물건 중 하나이다. 상가주택도 단독주택의 하나로, 건물주 한 명이 소유할 수 있는 수익형 주택이다. 아마 이 책을 읽고 있는 많은 예비 건축주들도 '건물주' 하면 이런 점포겸용주택을 가지고 꼭대기 층에 거주하는 분들을 생각했을 것이다. 이러한 주거와 수익이 보장 되는 점포겸용주택은 의외로 우리 주변에서 쉽게 찾을 수 있다.

4) 도시형생활주택

이밖에도 1~2인 가구 증가와 서민주거 안정을 위해 주택건설기준 과 부대시설 등 설치기준을 완화한 도시형생활주택이 있다. 만약 건물을 짓고자 하는 땅의 면적이 45평 정도의 소규모라면 주차대수 완화가 적용된 도시형생활주택 원룸형 방식으로 건축할 수 있다. 하지만 주차대수 부족에 따른 민원 증가로 인해 지자체별로 주차기준이 강화되어 분양면적 85㎡ 이하의 세대는 주차대수를 무조건 1대로 지정해 놓는 등 도시형생활주택의 입지가 좁아지고 있다.

건축을 하려면
어떤 방법이 좋을까요?

수익형 주택의 종류와 특징 들을 알아보았으니 이제 건축의 방법에 대해 알아보자. 건축은 크게 신축, 증축, 개축, 재축 또는 이전 등 5가지로 나눌 수 있다.

1) 신축

신축은 말 그대로 건축물이 없는 대지에 새롭게 건축물을 짓는 행위나 기존 건축물의 전부를 철거하고 종전 규모보다 크게 건축물을 짓는 행위를 말한다.

2) 증축

신축과 달리 증축은 기존 건축물의 규모를 늘리는 것으로, 기존 건축물의 일부를 철거한 후 종전 규모보다 크게 건축물을 축조하는 것을 말한다. 만약 기존의 건물이 예전에 지어져 용적률을 다 사용하지 못하고 있다면 건축물을 전부 철거하지 않고, 일부 철거하여 증축을 진행할 수도 있다.

3) 개축

개축은 기존 건축물의 전부 또는 일부를 철거하고 종전과 동일한 규모로 건축물을 짓는 것을 말한다. 개축의 경우는 건축주의 입장에서 종전과 동일한 규모로 건축하는 것이기 때문에 수익률에 큰 장점이 없다.

4) 재축과 이전

재축은 천재지변이나 재해로 멸실된 경우 다시 짓는 것이고, 이전은 동일한 대지 안에서 건축물의 위치를 옮기는 것으로 여기서는 논외로 하겠다.

특히 이 책을 읽고 있는 예비 건축주들은 5가지의 방법 중 신축을 통해 건물주가 되고자 하는 것이므로 신축에 초점을 맞춰야 한다.

지금까지 건축의 종류에 대해 살펴보았다. 이밖에도 건축을 하기 위해서는 건축법, 국토의 계획 및 이용에 관한 법, 주차장법 등 여러 가지 법규에 맞게 건물을 지어야만 비로소 진정한 건축주가 될 수 있다. 앞으로 필자와 함께 차근차근 살펴볼 테니 너무 걱정할 필요는 없다. '시작이 반이다'라는 말이 있듯이 지금 이 책을 펼친 당신은 건축주가 되기 위한 첫 단추를 채운 것이나 마찬가지다.

이 책은 당신이 건축주가 되기 위한 방법을 충분히 제시해 줄 것이다. 당신에게 건축주가 되고자 하는 마음가짐만 있으면 충분하다. 당신이 건축주라는 꿈을 꾸고만 있다면 절대 건축주가 될 수 없다. 꿈만 꾸고, 행동하지 않는다면 그레이엄의 말처럼 건축주의 꿈도 물거품처럼 사라져 버리고 말 것이다. 이제는 행동으로 옮겨야 할 때이다. 건축주가 될 시기는 바로 지금이다. 이 책을 읽고 있는 당신은 벌써 건축주이다.

발상의 전환으로
2배의 수익을 만드는 건축

'컬러 배스 효과'라고 들어본 적 있는가? '색을 입힌다'는 의미로 한 가지 색에 집중하면 해당 색을 가진 사물들이 눈에 띄는 현상을 말한다. 평소에 무심코 지나쳤던 것들이 뭔가를 의식하고부터 새롭게 보이기 시작하는 '컬러 배스 효과'를 건축에도 적용시켜야 한다. 남들이 다하는 방법으로 해서는 성공하기 어렵다. 발상의 전환을 통해 남들이 생각지도 못했던 곳에서 영감을 얻어 건축하는 전략이 필요하다.

발상의 전환을 위해
어떠한 전략이 필요한가요?

무엇보다 건축을 잘하기 위해서는 현재의 건축 트렌드를 파악하는 것이 중요하다. 최근 정부에서는 건축투자 활성화대책으로 소규모주택의 재건축 및 리모델링을 지원해 노후화한 도시주거환경을 개선하는 데 초점을 맞추고 있다(도시재생 뉴딜정책). 대규모 철거와 신축 분양을 전제로 하는 뉴타운과 재개발사업이 인구 정체와 부동산 가격 상승 기대감 약화로 추진동력이 떨어진 데 따른 강력한 조치인 셈이다. 대책 중 가장 관심을 끄는 부분이 바로 '건축협정제'와 '결합건축제'이다.

1) 건축협정제

먼저 '건축협정제'에 대해 알아보자. 건축협정제란 2개 이상의 필지를 토지나 건축물의 소유자가 서로 협정을 체결하여 하나의 대지로 묶어 건폐율·용적률 등을 한 필지에 적용되는 것으로 간주하는 제도이다.

예를 들어 A토지와 B토지가 있는데 A토지는 도로와 접해 건축이 가능한 반면, B토지는 A토지 뒤에 있어 도로와 접하지 않은 맹지라 건축이 불가능하다. 이런 경우 B토지는 건축을 할 수 없어 놀리는 땅이었지만 '건축협정제'를 통해 두 필지의 소유자가 서로 협의를 하면

건축협정제

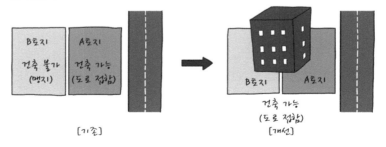

두 필지를 하나의 필지로 보아 건축을 진행할 수 있게 되는 것이다. 또한 두 개의 필지로 묶어 건폐율과 용적률을 적용하기 때문에 보다 넓고 높게 건물을 올려 수익률을 향상시킬 수 있다.

2) 결합건축제

건축협정제와 달리 '결합건축제'는 인접 건축물의 건축주 간 용적률 거래를 허용하는 제도로, 용적률을 마치 물건처럼 사고 팔 수 있다.

A토지와 B토지에 각각 4층으로 된 건물이 있다고 생각해 보자. 두 건물 모두 용적률 400%로 건축이 되어 있다면 결합건축제를 통해 두 건축물을 동시 재건축시 A토지는 B토지에서 용적률 100%를 사서 500%로 증축하고, B토지는 용적률 100%의 대가를 받고 300%로 조정해 재건축을 할 수 있다. 결합건축제는 A토지와 B토지의 건축주 간 자율협의를 통해 진행 가능하며 서로 상생하는 방법이다.

물론 이 제도들은 아무 지역에서나 적용할 수 있는 것은 아니며, 주거환경개선사업구역, 지구단위계획구역, 지자체 조례로 정한 구역 등에서 적용가능하다. 모든 지역에 적용되지 않는 것이 아쉽기는

결합건축제

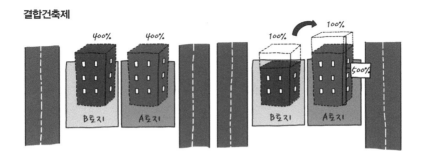

하지만, 이런 제도가 있다는 것을 알고 있는 것만으로도 해당 지역의 토지가 나왔을 때 남들이 모르는 스킬을 통해 공사비 절감 및 사업성을 높일 수 있다.

3) 도시재생과 소규모 개발

최근에 방영을 종료한 드라마 〈흑기사〉에서 주인공 김래원이 젠트리피케이션에 의한 현상을 막으면서 도시재생과 소규모 개발을 하는 부동산 개발업자로 나왔다. 도시재생분야가 활성화되고 있기 때문에 최신 트렌드를 반영하는 드라마에서 주인공이 하는 일을 이렇게 정한 것이 아닐까 싶다.

최근 들어 서울시 성동구 사근1구역과 동대문구 제기7구역 등 대규모로 진행되던 뉴타운과 재개발지역이 직권해제되며, 이들 지역은 소규모 도시재생사업으로 변경되고 있다. 따라서 노후주택 개선사업에 대한 정부의 규제 완화와 지원 방안을 눈여겨봐야 한다. 특히 노후주택에 거주하는 주민들에게 자생적 리모델링 및 건축을 유도하기 위해 여러 가지 혜택을 부여하며 건축기준을 풀어주는 움직임도 늘고 있다. 만약 당신이 노후된 건축물을 보유하고 있다면 또는 노후된 주택을 구입한다면 다양한 대안을 모색할 수 있는 기회가 생긴 것이다.

젠트리피케이션
낙후됐던 구도심이 번성해 중산층 이상의 사람들이 몰리면서 임대료가 오르고 원주민이 내몰리는 현상을 말한다.

4) 셰어하우스

또 다른 트렌드로 이제는 많이 들어봤을 법한 '셰어하우스'가 주가를 올리고 있다.

셰어하우스는 1인가구가 점점 증가하면서 임대·공유주택이 확산되어 생긴 형태로, 예전의 하숙집과 비슷하다고 생각하면 이해하기 쉽다. 하숙집처럼 식사를 차려주지는 않지만, 개인적인 공간인 침실은 따로 사용하면서 거실·화장실·욕실 등을 공유하는 생활방식이다. 즉, 공동공간을 공유하는 새로운 주거형태이다.

셰어하우스가 인기를 끌면서 기존 빈방에 월세를 주면서 임대수익을 올리는 투자자부터 직접 '셰어하우스'를 건축하는 건축주들도 늘어나고 있다. 인기의 반증으로 '셰어하우스'와 관련된 도서들이 최근 들어 계속 출판되고 있다.

시도하지 않으면
기회는 오지 않는다

이렇게 최신 건축 트렌드를 파악하고 있어야 분양 또는 임대할 세입자들의 니즈를 만족시켜 줄 수 있다. 특히 최근에는 깔끔하며 캐쥬얼하고 심플한 인테리어를 적용시키지 않으면 거래가 잘 이루어지지 않는다. 그만큼 건축에 반영되는 트렌드는 항상 예의주시하고 있어야 한다.

트렌드 파악 외에도 건축을 하는데 있어 어떤 문제점이 발견됐을 때 다각도로 조사해서 시도해 보는 마음자세가 필요하다. 예를 들어 수익성이 너무 좋을 것 같은 대지의 주 출입구 앞 한가운데에 전신주가 있다고 가정해 보자. 당신은 어떤 생각이 드는가? 전신주가 있어서 이동경로 확보가 안 되고, 건물 미관상 보기도 안 좋아서 그냥 건축을 포기할 것인가? 만약 전신주를 이동할 수 있는 방법이 있다면 이동할 수 있는 수단과 방법을 알아보고 가능하다면 건축을 할 것인가? 어떤 결정을 하든 선택은 당신의 자유지만, 기회가 왔을 때 그 기회를 잡지 못한다면 건축주의 꿈은 요원할 뿐이다.

위의 예에서 전신주는 한전에 신청하면 간단히 옮길 수 있다. 한전은 생활하는데 불편함을 느끼거나 이동시 간섭을 초래한다면 한전 부담으로 전신주를 옮겨 주고 있다. 단, 지장이 되는 전신주 이설을 당사자가 요청한 경우에 한한다. 이렇게 간단한 일도 제대로 알아보지 않고 전신주 때문에 포기해 버린다면 기회를 발로 차버리는 꼴이 되는 것이다.

관심 있는 한 분야를 공부하고 고민하다 보면 저절로 자신만의 좋은 생각이 떠오르고, 발상의 전환이 생겨 남들이 포기하는 땅을 잡아 건축을 통해 수익을 두 배로 불릴 수도 있다. 기억하라. 노력하는 자만이 원하는 바를 얻을 수 있고, 생각의 차이는 종이 한 장 차이라는 것을!

#04

투자의 **새로운 공식,**
건축 패러다임

사람들은 부동산 투자 하면 아파트를 먼저 떠올린다. 실제로 서울 강남의 아파트 값은 부동산 투자의 불패신화를 보여주며 꾸준히 오르고 있다. 다만 현재는 정부의 규제로 약간 주춤한 모양새이다.

아파트를 이용한 투자 중 갭 투자라는 것이 있다. KB시세처럼 민간정보기관에서 제공하는 아파트 시세차트를 분석해 해당 지역이 오를 것 같으면 전세를 끼고 소액의 투자금으로 구입을 하는 방식이다. 또 가장 일반적인 경매 투자도 있다. 서점에만 가도 부동산 책의 절반 이상이 경매 관련 서적이다. 이처럼 부동산 투자에 있어 정답은 없지만, 아파트 투자, 갭 투자, 분양권 투자, 경매, 공매 등은 기존의 부동산 투자 패러다임이다.

부동산 투자의
새로운 패러다임이 오고 있다

필자는 '건축'을 새로운 부동산 투자의 패러다임이라고 말하고 싶다. 물론 수익형 주택을 건축하여 성공적인 투자를 한 건축주들이 이미 많이 있고 지속적으로 건축이 활발하게 이루어지고 있지만, 아직까지는 소수에 불과하다. 패러다임이란 어떤 한 시대 사람들의 견해나 사고를 근본적으로 규정하고 있는 이론적인 틀로, 수많은 대중들의 지지 아래 이루어진다.

"부동산 투자 하면 뭐니뭐니 해도 건축이지!"

"건축을 해야 부동산 투자로 성공할 수 있어!"

이런 분위기가 시장에 골고루 퍼져 있어야 패러다임의 전환이 이루어진 것으로 볼 수 있다.

물론 아직까지 대다수의 사람들은 '건축이라고 하면 워낙 덩어리가 커서 내가 접근할 수 없는 영역이 아닐까?'라고 생각한다. 하지만 건축은 적은 금액을 가지고도 충분히 접근이 가능하다. 총투자금의 10%만 준비할 수 있다면 건축주가 될 수 있다. 자금 여력이 안 된다면 자금 편집을 통해 사용가능한 총알을 준비하도록 하자. 자금을 조달하는 방법은 Part 4에서 자세히 다루도록 하겠다.

다양한 먹을거리가 있는
건축에 관심을 가져야 할 때이다

우리는 건축을
통해 건물을 지어 임차인을 받아 매달 꼬박꼬박 월세를 받을 수도 있고, 분양을 통해 양도차익을 바로 챙길 수도 있다. 또한 셰어하우스로 활용할 수도 있고, 레지던스 식으로 건물을 지어 에어비앤비로 운영할 수도 있다. 한마디로 건축에는 먹을거리가 넘쳐난다. 하지만 이러한 수익형 건물 외에도 내가 집을 짓고 살면서 지역의 랜드마크가 되어 나중에 시세차익을 보며 팔 수 있는 아이템도 있다. 이런 물건이 어디 있냐고? 놀라지 마시라. 최근 몇 년간 유행했던 협소주택, 일명 땅콩주택이라고도 불리는 주택이 주인공이다.

협소주택은 17~20평의 작은 땅덩어리에 2~3층으로 독특하게 건물을 올려 건물주가 직접 생활하는 주택으로, 인구는 많은데 건축할 땅이 부족한 일본에서 유행했던 주택 구조이다. 특히 2000년 건축법 개정으로 지구·지역별 최소 대지면적에 대한 규정이 삭제되면서 대지면적이 얼마가 되건 모든 건축이 가능해지면서 한국에도

후암동에 위치한 10평 남짓 협소주택

출처 : 네이버캐스트

조금씩 생기고 있다. 빌라나 단독주택지가 밀집해 있는 지역을 지나다가 정말 작은 필지라 건물이 들어설 수 없는 곳인데 외관이 예쁘고 세련된 3층짜리 건물을 본다면 그것이 바로 협소주택이다. 협소주택은 외관에 신경을 써야 하므로 디자인과 외장재를 고급스럽게 하거나 또는 눈에 띄게 하는 것이 핵심이다. 이처럼 예쁜 건물을 지어 본인이 직접 살면서 건물의 가치를 올려 나중에 팔 수도 있다.

건축에는 활용할 수 있는 방법이 무궁무진하며, 필자는 이러한 건축 패러다임이 부동산의 새로운 공식으로 자리잡을 날이 조만간 올 것이라 확신한다. 거대한 건축 패러다임의 파도가 몰려왔을 때 그 파도를 타고 앞으로 나아갈지는 당신의 선택에 달려있다.

Part 3

건축주 되기
프로젝트
(1) 토지 매입

#01

토지에 따라
건물의 **규모**가 **결정**된다

매년 날씨가 쌀쌀해지는 김장철이 되면 김장을 하러 큰이모님 댁이 있는 가평으로 온 가족이 출동한다. 그곳에 가면 드문드문 위치한 집들과 산과 밭 등 농촌의 풍경이 창문 너머로 보이며 답답한 도시를 벗어나 힐링이 되는 기분이 든다. 그런데 요즘 이모님 댁에 가면 예전과는 사뭇 달라진 내 모습을 보고 깜짝깜짝 놀라곤 한다. 예전에는 한적한 곳에 위치한 집들을 보며 시골에 어울리는 한 폭의 그림에서 힐링을 느꼈다면, 지금은 '저 땅 위에 저런 집들을 지을 수 있을까?' '법규에 맞게 제대로 지어진 걸까?' 하는 생각이 드는 것이다.

간혹 '어! 저 위치에는 집을 지을 수 없을 텐데' 하는 집들도 눈에 들어온다. 그중 최근에 이모님 댁에서 50m도 채 떨어지지 않은 땅에 건물이 들어선 걸 보고 궁금해 가까이 가서 이것저것 살펴보았다. '건물이 지어진 걸 보니 건축할 수 있는 대지인가 보네' 하며 인터넷으로 지적도(토지의 소재, 지번, 지목, 경계 등을 나타낸 지도)를 살펴보았다. 그런데 '대(垈)'라고 표시되어 있지 않고, '전(田)'으로 되어 있었다. 대지가 아니고, 전인데 어떻게 건물을 지을 수 있는 거지?

보통 '전'으로 표시된 땅은 농지이기 때문에 건축이 불가능할 거라고 생각한다. 필자도 처음에는 어리둥절하여 '이거 불법건물이구나' 하고 생각했었다. 하지만 나중에 주인집 아저씨를 통해 확인해 보니 이유가 있었다. 지목이 '전'이어도 4m 이상의 도로에 접해 있으면 개발행위허가를 통해 건축할 수 있다는 사실을 알게 되었다. 단지 건축 후 세금을 덜 내기 위해 지목을 '전'에서 '대'로 변경하지 않은 것이다. 보통 '전'보다 '대'가 개별공시지가가 높게 평가되기 때문에 세금도 비싸다. 그 땅을 팔지 않고 주인이 평생 살 거라면 굳이 지목을 변경할 필요가 없는 것이다. 이러한 경우와 개발이 진행되고 있는 경우를 제외하면 보통 토지는 주된 목적에 따라 총 28개의 지목으로 나뉘어져 있고, 각각의 지목에 맞게 운용된다.

토지의 지목 파악은
기본 중의 기본이다!

시골과 달리 서울 강남역 주위를 둘러보면 어마어마한 고층건물들이 빽빽이 들어서 있다. 왜 어떤 땅에는 조그마한 집을 짓는 것조차 불가능하고 어떤 땅에는 고층건물들을 지을 수 있는 것일까? 그것은 토지에게는 '지목'이라는 저마다 어울리는 이름이 각각 정해져 있기 때문이다.

토지의 지목

지목	부호	내용
대지	대	지적법에 의하여 각 필지로 구획된 토지로, 일반적으로 집을 지을 수 있는 한 필지
임야	임	산림 및 들판을 이루고 있는 숲, 습지, 황무지 등의 토지
전	전	물을 상시적으로 사용하지 않고 식물을 주로 재배하는 토지
답	답	물을 상시적으로 사용하여 식물을 주로 재배하는 토지
공원	공	공공녹지로서 자연지 또는 인공적으로 조성한 후생적 조경지
공장용지	장	제조업을 하고 있는 공장시설물 부지
도로	도	도로법 등 관계 법령에 따라 도로로 개설된 토지 고속도로의 휴게소부지 보행 또는 차량 운행에 필요한 설비 및 형태를 갖추어 이용되는 토지 2필지 이상에 진입하는 통로로 이용되는 토지
과수원	과	과수류를 집단적으로 재배하는 토지와 부속시설물의 부지
잡종지	잡	갈대밭, 실외에 물건을 쌓아두는 곳, 돌을 캐내는 곳, 흙을 파내는 곳, 야외시장, 비행장, 공동우물, 도축장, 자동차운전학원, 영구적 건축물 중 변전소, 송신소, 수신소, 송유시설, 쓰레기 및 오물처리장 등의 부지 및 다른 지목에 속하지 않는 토지
구거	구	용수 또는 배수를 위해 일정한 형태를 갖춘 인공적인 수로 또는 부지
유지	유	물이 고이거나 댐, 저수지, 호수, 연못 등의 토지와 배수가 잘 안 되는 토지
유원지	원	일반공중의 위락, 휴양 등에 적합한 시설물을 갖춘 토지
하천	천	자연의 유수가 있거나 있을 것으로 예상되는 토지
양어장	양	육상에 인공으로 조성된 수산생물의 번식 또는 양식을 위한 시설을 갖춘 부지와 이에 접속된 부속시설물의 부지
종교부지	종	종교활동을 목적으로 교회, 사찰, 향교 등 건축물의 부지와 부속시설물의 부지
사적지	사	문화재로 지정된 역사적인 유적, 고적, 기념물 등을 보존하기 위해 구획된 토지
철도용지	철	교통운수를 위하여 일정한 궤도 등의 설비와 형태를 갖추어 이용되는 토지와 부속시설물의 부지
제방	제	자연유수, 조수, 모래, 바람 등을 막기 위하여 설치된 방조제, 방수제, 방사제, 방파제 등의 부지

묘지	묘	사람의 시체나 유골이 매장된 토지, 도시공원 및 녹지 등에 관한 법률에 의한 묘
학교용지	학	학교의 교사와 이에 접속된 체육장 등 부속시설물의 부지
주차장용지	차	자동차 등의 주차에 필요한 독립적인 시설을 갖춘 부지와 부속시설물의 부지
체육용지	체	국민의 건강증진을 위한 체육활동에 적합한 시설과 형태를 갖춘 종합운동장
창고용지	창	물건 등을 보관하거나 저장하기 위하여 독립적으로 설치된 보관시설의 부지와 이에 접속된 부속시설물의 부지
염전	염	바닷물을 끌어 들여 소금을 채취하기 위하여 조성된 토지와 부속시설물의 부지
광천지	광	지하에서 온수, 약수, 석유류 등이 용출되는 용출구와 그 유지에 사용되는 부지
목장용지	목	축산업 및 낙농업을 하기 위하여 초지를 조성한 토지
주유소용지	주	석유, 석유제품 등의 판매를 위하여 일정한 설비를 갖춘 시설물의 부지

우리가 보통 일반적 명칭으로 부르는 '땅'은 법적인 명칭으로 '토지'라고 한다. 그리고 이 토지는 부지, 대지, 필지, 지목, 획지 이렇게 5가지 이름으로 구분되어 있다. '부지'란 건축물이나 도로 및 기반시설을 만들기 위한 땅을 의미하며, '획지'는 부지와 같은 의미를 내포하지만 일반적으로 건축부지를 말한다. '지목'은 토지의 주된 사용 목적을 구분한 것이다. 여기서는 건축을 할 수 있는 '대지'와 '필지'에 대해 자세히 알아보자.

1) 대지

건축물을 건축할 수 있는 땅을 건축법상 '대지'라고 한다. 앞으로 예비 건축주가 될 우리는 대지라는 용어에 익숙해져야 한다.

그렇다면 대지에는 무조건 건축을 할 수 있는 것일까? 앞에서 분명 건축물을 건축할 수 있는 땅을 대지라고 정의하고 있으니 건축을 할 수 있다. 단, 4m 이상의 도로에 접해 있어야 한다는 단서조항이 붙는다. 건축법상 도로는 2명의 사람과 1대의 자동차가 지나갈 수 있는 4m 이상의 도로에 접해 있지 않다면 대지라고 해도 건축을 할 수 없다. 위에서 언급했듯이 필자가 가평 인근 시골에서 본 건축물처럼 지목이 꼭 '대'가 아닌 '전'이라도 4m의 도로에 접해 있다면 개발행위를 통해 충분히 건축을 할 수 있는 것이다. 이처럼 건축을 하기 위해서는 지목도 중요하지만, 도로의 역할도 상당히 중요하다.

2) 필지

그렇다면 이번에는 필지에 대해 살펴보자. 토지에 있는 5가지 이름 중 하나인 필지는 토지관리를 위해 지번으로 표시되는 토지 등록단위이다. 지금은 도로명 주소로 바뀌어 주소상에 나타나지는 않지만, 아직까지 병용해서 사용하고 있으며 수익형 건물을 건축하기 위해서는 반드시 알아야 한다. 예를 들어 압구정동 123-7이라고 하면 123번지에 7이라는 필지가 되는 것이다.

수익형 주택을 짓기 위해서는 하나의 필지를 소중히 여겨야 한다. 보통 한 필지에 하나의 건물이 건축된다. 필지는 네모반듯할 수도 있고 사다리꼴 형태일 수도 있고 길게 일자형일 수도 있다. 성공적인 건축주가 되려면 가급적 네모반듯한 필지를 골라야 한다. 그리고 필지의 크기에 맞게 건축물의 종류를 결정해야 한다. 물론 두 개의 필지를 하나로 통합해서 큰 규모의 건물을 올릴 수도 있다.

필자가 지은 건물 옆에는 건축하기 전부터 엄청 큰 빌라가 들어서 있었다. 그 빌라를 지어 분양과 임대를 맞춘 건축주는 한 개의 필지로는 수익성이 나오지 않아 그 옆의 필지도 매수하여 두 개의 필지를 합해 하나의 필지로 만들어 빌라를 지은 것이다. 이처럼 수익성과 필지의 규모에 따라 본인에게 맞는 건축물을 잘 선택해야 한다.

일반적으로 수익형 주택을 짓기 위해서는 60~80평의 필지가 가장 좋다. 이 정도 크기면 주차공간 부족도 어느 정도 해소되면서 다양한 크기로 세대를 구성할 수 있다. '부동산 114'에 따르면 18~26평의 소형평수 분양이 2007년 3.5%에서 10년이 지난 2017년에는 18.9%로 약 5배 증가했다. 1인가구의 증가로 인해 큰 평수보다 소형평수에 대한 수요가 많아진 것이다. 따라서 60~80평 크기의 필지라면 이런 소형평수 위주로 여러 세대를 뽑아 수익률을 올릴 수 있다.

만약 필지가 27평 정도로 작은 경우 '이런 작은 필지에 건물을 올릴 수 있을까? 단독주택이나 겨우 지을 수 있는 거 아냐?'라고 생각할 수 있다. 하지만 이 경우에도 3~5평 정도의 원룸으로 다중주택을 지어 임대수익을 올리고 건축주는 꼭대기 층에 거주할 수도 있다.

이처럼 토지의 종류에 따라 어떤 건물을 지을지가 결정된다. 이제 남들이 거들떠보지 않는 땅도 누군가에게는 엄청난 기회가 될 수 있다. 토지를 얼마나 잘 이해하고 그에 맞는 가치를 찾느냐가 성공적인 건축주가 되기 위한 첫걸음인 셈이다.

#02

용도지역이
토지의 **가치**다

2017년 서울 잠실에 제2롯데월드가 문을 열었다. 그 전까지 우리 나라에서 가장 높은 건물은 인천 송도신도시에 위치한 68층, 높이 305m의 동북아무역센터였지만 제2롯데월드가 준공되면서 123층, 높이 555m로 그 기록을 갈아치웠다. 대체 이러한 초고층 건물들이 들어선 대지는 어떻게 이렇게 높게 건물을 건축할 수 있는 것일까? 이와는 대조적으로 신림동 고시촌에 있는 건물들을 보면 보통 4~5층 정도로 비슷비슷한 높이로 지어졌다. 더 높게 지어 방의 개수를 더 뽑으면 수익이 더 날텐데 왜 그런 것일까? 바로 토지의 용도지역 때문이다.

토지의 용도지역에 주목하라

용도지역이란 토지의 이용 및 건축물의 용도, 건폐율, 용적률 등을 제한함으로써 토지를 경제적 또는 효율적으로 이용하기 위해 법으로 정해놓은 것이다. 어떤 용도지역에 속해 있느냐에 따라 건축물을 올릴 수 있는 규모가 달라지게 되며, 이는 곧 토지의 가치를 결정하게 된다. 용도지역은 국토의 계획 및 이용에 관한 법률(이하 국계법)에서 서로 중복되지 않게 도시·군 관리계획으로 결정한다.

용도지역은 크게 도시지역, 관리지역, 농림지역, 자연환경보전지역으로 나뉘고, 여기서 다시 세부적으로 나뉘어 총 21가지 지역으로 구분된다. 임야나 전(田)의 개발행위허가를 득해 건축물을 짓는 경우라면 간혹 관리지역도 살펴볼 필요가 있지만 도시지역만 알고 있어도 충분하다. 도시지역은 크게 상업지역, 주거지역, 공업지역, 녹지지역으로 구분되는데, 여기서는 주된 용도지역인 상업지역과 주거지역을 살펴보자.

1) 상업지역

건물을 건축하기 가장 유리한 지역은 상업지역이다. 특히 '중심산업지역'은 건폐율이 최대 90%, 용적률이 최대 1500%에 이른다. 앞서 필자가 건축했던 대지는 지하철에서 도보 5분 거리에 위치한 '일반상업지역' 내에 속한 곳이었다(건폐율 80%, 최대 용적률 1300%). 그래서 대지가 48평으로 작았음에도 불구하고, 최대한 넓고 높게 건축할 수 있었던 것이다. 만약 그 대지가 제2종 일반주거지역이었다면 수익성이 없어 경매로 낙찰받는 것을 포기했을 것이다.

2) 주거지역

제2종 일반주거지역의 건폐율은 60%에 최대 용적률은 250%이다.
필자가 낙찰받았던 일반상업지역과 비교해 볼 때 건폐율과 용적률에

수익형 주택의 주요 건축용도지역의 건폐율과 용적률

지역	지역의세분	건폐율	용적률
주거지역	제1종전용주거지역	50% 이하	50~100% 이하
	제2종전용주거지역		100~150% 이하
	제1종일반주거지역	60% 이하	100~200% 이하
	제2종일반주거지역		150~250% 이하
	제3종일반주거지역	50% 이하	200~300% 이하
	준주거지역	70% 이하	200~500% 이하
상업지역	근린상업지역	70% 이하	200~900% 이하
	일반상업지역	80% 이하	300~1300% 이하
	유통상업지역		200~1100% 이하
	중심상업지역	90% 이하	400~1500% 이하
공업지역	전용공업지역	70% 이하	150~300% 이하
	일반공업지역		200~350% 이하
	준공업지역		200~400% 이하
녹지지역	보전녹지지역	20% 이하	50~80% 이하
	생산녹지지역		50~100% 이하
	자연녹지지역		
관리지역	보전관리지역	20% 이하	50~80% 이하
	생산관리지역		
	계획관리지역	40% 이하	50~100% 이하
농림지역 · 자연환경보전지역		20% 이하	50~80% 이하

* 국토의 계획과 이용에 관한 법률

서 큰 차이가 나는 것을 알 수 있다.

용적률과 건폐율로
건물의 크기가 결정된다

그렇다면 용적률이 무엇이고, 건폐율이 무엇이길래 이렇게 건물의 규모를 결정짓는 것일까? 용적률부터 먼저 살펴보자.

1) 용적률

용적률이란 건축물의 연면적을 대지면적으로 나눈 값이다. 여기서 연면적은 하나의 건축물에 있어 각 층 바닥면적의 합이다. 예를 들어 총 5개 층으로 된 다세대주택이 있다고 가정해 보자. 1층은 필로티구조로 하고, 2~5층을 세대로 구성했다면 2~5층의 계단면적, 각 세대별 면적, 발코니면적, 복도면적을 모두 더하고 1층의 주차공간을 제외한 나머지 면적을 추가로 더하면 총바닥면적의 합계가 나온다. 이를 건축물의 연면적이라고 한다. 예를 들어 한 필지의 대지를 60평이라고 했을 때 용적률이 250%이면 대지면적 60평의 2.5배인 150평을 위로 올릴 수 있다는 말이다. 연면적 산정시 1층을 필로티구조로 했을 때 1/2 이상이 주차장으로 사용되면 연면적 산정에서 제외된다.

필로티구조
벽면이 없이 1층은 기둥만 세워 두고 2층 이상에 방을 두는 형식으로 설치된 개방형 구조를 말한다.

용적률을 적립카드로 생각하면 건폐율

과 헷갈리지 않을 수 있다. 용적률의 '적'과 적립카드의 '적'은 쌓을 적(積)으로 같은 한자를 쓴다. 적립카드를 쓰면 쓸수록 포인트가 적립되어 쌓이는 것처럼 용적률도 크면 클수록 높이 쌓아올릴 수 있는 건물 포인트가 올라가는 것이라 생각하면 된다.

2) 건폐율

건폐율의 '폐'는 한자로 덮을 폐(蔽)를 쓴다. 대지에 건물을 얼마나 덮을 수 있는지를 비율로 나타낸 것이 건폐율이다. 예를 들어 제2종 일반주거지역에 속한 60평의 대지가 있다고 치자. 제2종 일반주거지역의 건폐율은 60%이다. 그럼 60평의 60%인 36평의 대지에 건물을 건축할 수 있는 것이다.

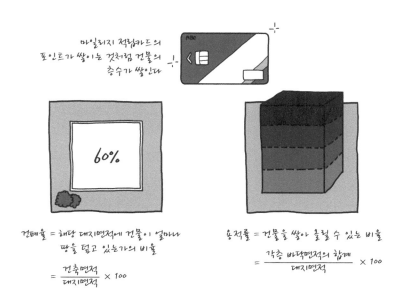

건물과 건물 사이 틈이 없다

　건물을 건축하는데 있어 건폐율의 중요도에 대해 조금 더 언급하고자 한다. 지금도 지어진 지 40년 이상 된 오래된 단독주택들이 모여 있는 제2종 일반주거지역의 구도심을 가보면 건물과 건물들이 다닥다닥 붙어있는 것을 심심치 않게 볼 수 있다. 자세히 보면 사람 머리 하나 들어갈 만한 공간밖에 나오지 않는 협소한 간격이다. 그 당시에는 '국토의 계획 및 이용에 관한 법률'이 건폐율을 지금과 같이 60%로 정해놓지 않았기 때문에 가능한 일이었다. 그리고 일조권에 의해 떠어야 되는 간격이 적용되지 않았을 수도 있다.

　지금은 화재나 안전상의 이유로 국계법 및 건축법, 주차장법 등이 많이 강화되어 지금과 같은 용적률과 건폐율 범위 안에서 건물이 건축되고 있다. 하나의 건물이 건축될 때는 그 당시 적용되는 법의 테두리 안에서 건축허가를 받고 준공되어 사용승인을 받으며, 이 경우 세월이 흘러 용적률과 건폐율의 범위가 다시 바뀌어도 바뀐 용적률과 건폐율을 적용받지 않는다. 그래서 노후된 건물의 경우 철거하고 신축하는 것보다 오히려 리모델링을 통해 증축하는 것이 더 수익성이 좋아 후자 쪽을 선택해 사업을 진행하는 건축주들도 있다.

하지만 기본적으로 그러한 경우는 드물다. 보통 노후된 단독주택의 경우 제2종 일반주거지역에 많이 분포되어 있는데, 단층이나 2층으로 지어져 있어 용적률을 다 사용하지 않은 경우가 많기 때문이다. 이 경우에는 오히려 신축을 통해 나머지 용적률을 활용해 수익성을 확보할 수 있다.

필자가 제2종 일반주거지역의 용적률과 건폐율에 대해 집중적으로 이야기하는 이유는 앞으로 수익형 주택을 통해 건축주가 되고자 하는 예비 건축주들에게 가장 유리한 지역이자 흔한 지역이기 때문이다. 서울시의 경우 서울시 면적의 80%가 주거지역이고, 그중 약 90%가 제2종 일반주거지역이다. 따라서 성공적인 건축주가 되기 위해서는 제2종 일반주거지역에 집중할 필요가 있다. 물론 필자처럼 경매로 나대지를 낙찰받아 일반상업지역에 건축을 할 수도 있지만, 대부분 제2종 일반주거지역에서 건축이 이루어진다. 또한 유리한 용도지역과 더불어 건축하기 유리한 면적은 50~80평이다. 이 정도 면적이면 주차에 대한 공간 확보와 적절한 세대수를 뽑아낼 수 있기 때문이다.

끝으로 건폐율과 용적률은 각 도시와 지역마다 다르게 적용되기 때문에 반드시 사전에 해당 지방자치단체의 조례를 확인할 필요가 있다. 예를 들어 서울시의 경우 용적률을 200%로 적용하는 반면 인천시의 일부지역은 250%까지 적용되는 지역이 있다. 기본적으로 국토의 계획 및 이용에 관한 법률에서는 제2종 일반주거지역의 용적률 범위를 150~250%로 규정하고 있는데, 지역마다 적용되는 범위가 다르니 확인은 필수다.

#03

공간을 최대로
활용하는 방법

예전에는 단독주택이나 다세대주택, 다가구주택 등을 지을 때 획일적으로 전부 빨간색 벽돌을 사용하거나 대문을 전부 초록색 철문으로 하는 등 건물에 개인의 취향이 제대로 반영되지 않았다. '그냥 남들이 그렇게 하니까 나도 저렇게 해야지' 하는 식으로 건축이 되었다. 하지만 요즘은 작은 평수를 최적의 공간으로 활용하는 협소주택과 건물 외관을 빨간색 벽돌 외에 노출콘크리트나 징크, 타일 등 건축주의 취향을 반영한 다양한 종류의 건물들이 등장하고 있다.

건물들을 보면
왜 위로 갈수록 좁아지는 건가요?

예쁘거나 특이

한 건축물이 있으면 멈춰서 사진을 찍는 취미를 가진 사람들에게는 이런 독특한 건축물이 늘어날수록 즐거움도 커진다. 필자가 막 건축에 관심을 갖기 시작한 2011년쯤 잠시 홍대에 들렀다가 주변에 단독주택, 빌라가 밀집된 구역을 지나가게 되었다. 그때 눈길을 끄는 건물 하나를 발견했다.

5층짜리 빌라인데 가만히 보니 독특하게 일정 높이에서 계단처럼 각을 주면서 외관을 처리한 구조였다. 1~3층은 똑바로 올라가다 4층에서 한 번 꺾여서 들어가고 다시 5층에서 꺾여서 들어가 있었다. 처음에는 '이 건물 건축주의 취향이 독특하구나. 계단형 디자인을 좋아하나?' 하는 생각이 들었다. 그리고 며칠 뒤 인천 주안동에 거주하는 지인의 집 주변에서 홍대에서 봤던 계단식 구조의 빌라를 또 발견했다. 심지어는 20m를 걸어가자 또 계단식 구조의 빌라가 보였다.

일조권 사선제한을 적용한 건축물

사진 : 신경섭 작가

주위를 둘러보니 그런 빌라들이 한두 개가 아니었다. 이쯤 되면 이건 건축주의 취향 문제가 아니라고 생각했다. 즉시 여기저기 알만한 지인들에게 확인하고, 나름대로 자료를 찾아보았더니 역시 이건 건축주의 취향이 아니라 어쩔 수 없는 건축법의 적용으로 인해 만들어진 작품 아닌 작품이었다. 일조·채광·통풍 등의 확보를 위한 건축물의 높이 제한으로 인해 건축물이 계단처럼 꺾여서 들어간 것이다.

일조권 확보를 위한 법은 정북방향, 정남방향, 공동주택, 대지와 대지 사이 공원 이렇게 4가지로 분류될 수 있다. 이 중에서 예비 건축주들이 가장 신경 써야 할 것은 정북방향에 의한 일조권 확보이다.

정북방향 일조 등의 확보를 위한 건축물의 높이 제한이란 두 대지가 인접해 있을 때 건물의 높이로 인해 햇빛이 비추는 권리가 침해받지 않도록 최소한의 공간을 확보해 주어야 한다는 것이 핵심이다. 즉, 건물이 높으면 높을수록 일조권 확보가 안 되니 확보되는 공간만큼 뒤로 띄워서 건물을 올리라는 말이다.

A대지가 있고, 바로 북쪽으로 B대지가 있다고 가정해 보자. B대지에는 이미 건물이 들어서 있고, A대지에 필자가 건물을 건축하려고 한다. 이때는 앞에서 설명한 정북방향 일조권 확보 때문에 A대지와 B대지가 인접한 인접대지경계선에서 A대지 방향으로 1.5m를 뒤로 후퇴하여 건물을 올려야 한다. 그리고 건물 높이의 9m까지는 1.5m만 후퇴하고, 9m를 초과하게 되면 A대지에 건축하고 있는 건축물 높이의 1/2만큼 후퇴해서 건물을 올려야 한다는 게 정북방향 일조권 확보기준이다. 다시 말해 건물 높이가 12m가 되면 12m의 1/2인 6m를 후퇴해 건물을 올려야 되고, 15m가 되면 15m의 1/2인 7.5m를 후퇴해서 건물을 올려야 하는 것이다. 이렇게 하면 필자가 홍대 쪽에서 봤던 계단식 형태의 건물이 탄생하게 된다. 반듯하게 수직으로 올려야 세대수를 더 많이 뽑아 수익성이 날텐데, 이렇게 되면 오히려 건물을 높이 올리면 높이 올릴수록 손해가 날 수 있다.

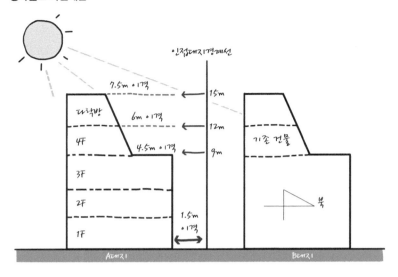

정북일조 사선제한

이는 전용주거지역과 일반주거지역에서만 적용되지만, 우리가 건축할 대부분의 지역이 여기에 해당하기 때문에 꼭 따져봐야 한다. 그래서 필자는 수익성 주택을 건축하기 가장 좋은 대지로 북쪽에 도로를 접하고 있는 대지를 추천한다. 북쪽에 도로가 있으면 도로의 폭만큼 높이에 따라 후퇴하는 공간을 줄일 수 있어 계단식의 건물이 될 확률이 떨어진다. 쉽게 말해 북쪽에 도로가 있는 필지라면 건물이 꺾이지 않고 네모 반듯하게 올라갈 수 있다는 것이다.

대지 안에도 비워 두어야 하는 땅이 있다

이렇게 일조권 확보

를 위해 띄우는 거리 외에 대지 안의 공지도 체크해야 한다. 대지 안의 공지란 말 그대로 대지 내부에 건축물을 짓지 않고 비워두어야 하는 부분이다. 이렇게 되면 자연스럽게 건축물 간의 이격거리가 확보되어 도시의 미관, 개방감, 통풍, 피난 등에 대비할 수 있다. 대지 안의 공지는 각 지방자치단체의 조례에 따라 6m의 범위 내에서 지정할 수 있는데 서울시의 경우 다세대주택은 인접대지경계선으로부터 띄어야 하는 거리가 1m 이상, 연립주택은 인접대지경계선으로부터 띄어야 하는 거리가 1.5m 이상이다. 다세대주택은 공지로 인해 띄어야 하는 거리가 1m 이상으로 대부분 동일하지만, 연립주택의 경우는 지역별로 다르기 때문에 해당 지방자치단체의 건축조례를 반드시 확인해야 한다.

　보통 대지의 북쪽은 정북방향 일조권과 대지 안의 공지가 중복되는데 이때는 둘 중 더 기준이 큰 것으로 적용한다. 예를 들어 일조권이 1.5m인데 공지가 1m이면 건축하고자 하는 대지의 북쪽은 둘 중 더 큰 1.5m를 이격해서 건축해야 한다.

　이렇게 건축하고자 하는 대지의 용도지역을 확인하고 지역에 따른 건폐율과 용적률을 적용하여 일조권 및 공지기준에 맞춰 이격시키면 건축할 수 있는 공간이 확보된다. 이 공간 위에 다세대 또는 다가구, 원룸 등 건축주의 의도에 맞게 건물이 올라갈 수 있다.

　물론 추가로 주차장법, 조경법 외에 확인해야 할 사항이 더 있지만, 최적의 공간을 확보하기 위한 사전준비 작업은 끝났다. 이제 작은 평수라도 최적의 공간 활용을 통해 나만의 건물을 지어보자.

#04

노후주택은
훌륭한 나대지다

서울 집값의 대표적인 바로미터인 강남의 재건축 열기가 심상치 않다. 물론 정부가 재건축초과이익환수 등 강남 재건축시장에 잇단 경고를 하면서 서울 아파트값 상승폭이 약간 주춤하고 있기는 하지만 개포주공1단지의 인기는 식을 줄 모르고 매수문의가 꾸준하다. 이처럼 노후된 건축물이 있으면 안전상의 문제로 재건축 연한을 지난 아파트들은 재건축을 하게 되고, 주택들은 재개발을 하게 된다. 기존의 것들을 허물고 새로운 최신 건축물이 들어서는 것이다. 현 정부에서도 이러한 기조는 변함이 없지만, 과도한 서울 집값 상승을 부추기는 아파트가 아닌 소규모주택에 더 혜택을 주는 모양새이다.

　서울의 경우는 구도심의 허름한 소규모주택이 모인 지역을 새롭게 탈바꿈시키는 도시재생사업에 초점을 맞추고 있다. 특히 2018년부터 도시 및 주거환경정비법에서 규정하고 있는 가로주택정비사업이

빈집 및 소규모주택 정비에 관한 특례법으로 제정되면서 도시재생사업이 탄력을 받을 수 있게 되었다. 빈집의 효율적인 관리 및 소규모주택 정비사업 활성화를 위해 제정된 이 법은 빈집정비사업과 소규모주택정비사업으로 구분된다. 그리고 그동안 복잡했던 절차를 없애 사업진행의 속도를 단축시켰는데, 정부에서 이만큼의 혜택을 부여한다는 것은 도시재생이 이제는 도시활성화를 위해 꼭 필요한 일이 된 것은 아닐까 싶다.

기회는 준비된 자에게 온다고 했다. 당신도 이제는 노후주택을 다른 시각으로 바라보면서 시대의 흐름에 편승해야 한다.

노후주택은 주택이 아니다.
나대지라고 생각하라!

서울이든 인천이든 수원이든 빌라나 단독주택이 모여 있는 구도심을 가면 노후주택을 쉽게 볼 수 있다. 딱 봐도 너무 오래 되어 살 수 없을 거 같은 느낌이 드는 곳은 십중팔구 노후주택이다. 당신은 이런 주택을 보면 어떤 생각이 드는가? 그 집에 살고 있는 집 주인이 안 쓰러워서 측은한 마음이 드는가? 아니면 '그냥 오래된 주택이구나' 하고 아무 생각이 없는가? 이제는 당신도 예비 건축주이다. 이러한 노후주택을 보면 그냥 지나쳐서는 안 된다. 필자는 이러한 노후주택을 보면 그냥 '나대지'라고 생각한다. 대지 위에 아무 건축물도 없다고 생각한다는 뜻이다. '노후주택 = 나대지'라는 공식이 성립되는 것이다.

노후주택 = 나대지

　앞에서도 언급했듯이 오래된 노후주택은 그 건물의 가치와 가격을 낮게 평가하기 때문에 대지가격만 있으면 충분히 매수할 수 있다. 이후 철거비용은 얼마 안 들기 때문에 가설계를 받아보고 수익성이 있다면 어떻게든 매수를 시도해야 한다.

　지금은 해체됐지만 예전에 최정상의 인기 걸그룹이었던 카라의 한 멤버는 2012년 강남구 청담동의 단독주택을 11억 5,600만원에 매입하여 5층짜리 건물로 신축했다. 이후 3년이 지난 2015년 5월 20억 8,000만원에 매각하여 세전 9억 2,400만원의 시세차익을 실현했다. 또한 슈퍼주니어의 한 멤버 역시 2013년 4월 마포구 상수동의 한 단독주택을 9억 9,000만원에 매입하여 재건축을 통해 1년여 만에 19억 3,000만원에 매각해 시세차익만 9억 4,000만원이라는 어마어마한 수익을 냈다. 인기 유명 연예인들도 '오래된 노후주택은 나대지다'라는 공식을 적용하고 사들여 신축을 통해 큰 수익을 내고 있는 것이다.

물론 노후주택이라고 무작정 '매수해서 신축해야지' 하는 생각만 앞서 아무 물건이나 덥석 물어서는 안 된다. 슈퍼주니어의 또 다른 멤버는 군 입대 전인 2015년 9월 강남구 신사동의 2층짜리 단독주택을 11억원에 매입했다. 그러나 주차시설 및 도로상황 등 제대로 된 분석을 하지 않아 2016년 8월 준공 이후에도 공실상태로 임차가 되지 않아 매월 200만원의 이자를 납부하고 있다고 한다. 따라서 노후주택을 매입하기 전에는 매의 눈으로 보다 세밀하게 지역 및 용도분석이 필요하다.

도대체 어떤 노후주택을 사야 하는 것일까?

앞장에서 언급했듯이 제1종 주거지역보다는 제2종 주거지역에 속한 노후주택을 눈여겨볼 필요가 있다. 서울시의 경우 제1종 주거지역은 용적률이 150%밖에 안 되지만 제2종 주거지역은 200%로 50%의 큰 차이가 있다.

또한 앞으로 가치가 점점 상승할 것으로 예상되는 지역의 부지를 매입해야 한다. 보통 지역마다 생기는 부동산 호재들이 있는데, GTX 호재, 대기업 입주 및 공장 신설, 역세권 지정 등 다양한 이슈들이 여기저기서 터져 나온다. 우리는 이러한 정보에 민감하게 반응해야 한다. 평소 부동산 기사를 꼼꼼히 챙겨보는 습관이 필요한데, 네이버나 다음 등 포털사이트의 부동산 카테고리에 들어가면 자세히 확인할 수 있다.

특히 교통축의 변화는 눈여겨볼 필요가 있다. SRT나 GTX 역이 들어서는 지역은 그만큼 서울로의 접근성이 증가함에 따라 큰 호재로 작용하는 경우가 많다. 동탄의 경우 SRT가 들어오기 전에는 서울까지 약 1시간 반이 걸렸지만, SRT가 들어선 지금은 20분 정도면 서울에 갈 수 있다. 평택도 동탄과 마찬가지로 지제역에 SRT가 들어서면서 서울로의 접근성이 증가했다. 이처럼 교통축에 의한 핵심 호재들은 앞으로 가치가 점차 상승할 지역이기 때문에 이러한 정보를 부동산 뉴스 등을 통해 평소에 관심을 가지고 지켜보며 기회를 잡을 수도 있다. 물론 노후주택 부지를 노리고 있다면 앞으로 GTX 역이 생기는 청량리, 연신내, 창동역 부근에 관심을 가지고 접근하면 좋은 부지를 선점할 수 있다.

매수할 노후주택의 분석을 마쳤다면 이제는 구입경로이다. 아파트나 빌라는 시세가 인터넷에 제대로 나와 있지 않기 때문에 난감할 수 있다. 일단 전국 토지건물 시세를 확인할 수 있는 벨류맵(www.valueupmap.com)에 접속하여 최근 거래된 시세를 파악해야 한다. 벨류맵은 상가, 근린생활시설, 다가구, 다세대 등 전국 토지건물들의 최근에 거래된 실적을 바탕으로 실거래가를 보여준다. 하지만 노후주택의 경우에는 홈페이지가 개설된 이후 거래가 없어 정확한 실적을 파악할 수 없기 때문에 해당 물건과 비슷한 용도, 면적을 가진 주변 물건을 통해 파악하는 방법밖에 없다.

이렇게 사전에 정보를 입수한 상태에서 현장에 방문하여 공인중개사사무소를 3~4군데 들러 시세나 해당 물건의 정보를 얻는다. 물론 직접 노후주택에 방문해 집 주인을 만나 매수의사를 확인하는 방법이 있다. 이밖에도 경매로 나온 노후주택을 입찰받는 방법도 있다.

'고정관념에서 탈피하라'라는 말을 자주 들었을 것이다. 이러한 사고방식은 부동산에도 적용된다. 특히 건축을 하는 디벨로퍼라면 노후주택을 보는 순간 그곳은 나대지이며 그곳에 어떤 건물을 지으면 좋을지 여러 각도에서 생각할 수 있는 안목이 필요하다. 정답은 한 가지가 아니다. 생각의 전환을 통해 사업에 탄력을 주자.

#05

경매로
썩은 주택을 찾아라

앞에서도 언급했지만 노후주택은 예비 건축주들에게 큰돈을 벌 수 있는 기회를 제공한다. 노후주택은 곧 나대지(노후주택=나대지)라는 공식하에 접근하기 때문이다.

노후주택은
다양하게 활용이 가능하다

주택가를 걸어가다 보면 빨간 벽돌로 지어진 20~30년 이상 된 주택들을 흔히 볼 수 있다. 빨간 벽돌로 된 주택은 필자가 말하려는 노후주택의 좋은 예이다.

필자는 지금도 맨땅(나대지)을 찾기 위해 노력하기보다 노후주택 또는 노후된 건물을 찾아내, 외관 리모델링 혹은 철거 후 신축을 통해 높은 수익을 창출하는데 열중하고 있다. 그래서일까? 필자는 노후주택만 보면 일단 설레기 시작하면서 가슴이 뜨거워진다. 땅 위에 있는 노후된 건물은 안중에도 없다. '와우 정말 좋은 땅이 나왔구나, 이건 진짜 좋은 나대지야'라고 생각하기 때문이다. 그래서 이따금 주변 사람들에게 오해 아닌 오해를 받기도 한다.

"혹시 뭐 찾으세요? 왜 그렇게 주변을 두리번 거리세요?"

필자가 주변 사람들에게 자주 듣는 말이다. 운전을 하다가도 또는 길을 걷다가도 노후주택을 보면 그곳에 잠시 멈춰서 주변을 둘러보고 머릿속으로 가설계를 그려본다.

한 번은 차를 타고 이동 중이었다. 그러다 도로 옆에 위치한 노후주택을 보고 아이디어가 떠올랐다. 바로 차를 갓길에 세우고, 주변 공인중개사사무소에 들렀다.

"사장님. 이 동네에서 가장 오래되고 낡고 썩은 건물 좀 보여주세요."

부동산 사장님은 필자가 관심에 두었던 그 노후주택을 보여 주었다. 주택은 6차선 대로변에 접하고 있었으며, 대로변에서 살짝 안쪽으로 들어와 있어 접근성이 좋고 진입하기 편했다. 따라서 매입 후 노후주택을 철거하고 세차장 또는 주차장으로 임대를 주어도 괜찮을 듯 보였다. 여기서 당신은 의문이 들 것이다.

'건축이 목적이 아니라 주택을 철거 후 세차장이나 주차장으로 임대를 준다고?'

필자가 토지를 매입하는 이유는 두 가지다. 당연히 건축이 주목적이지만, 때로는 그렇지 않은 경우도 있다. 왜냐하면 건축을 하지 않아도 건축물을 지을 수 있는 땅의 가격은 가파르게 우상향하기 때문에 건축을 하지 않고 땅을 묵히는 경우도 종종 있다. 왜냐하면 높은 프리미엄을 받고 건축회사 또는 예비 건축주들에게 땅을 되팔 수 있기 때문이다. 이렇듯 토지를 매입하여 일정기간 보유한 후 되팔거나 또는 개발이나 리모델링(증축)을 진행하는 것도 하나의 방법이다.

노후주택을 매입하는 경로는 다양한 채널이 존재한다

노후주택을 매입하는 가장 대표적인 방법은 공인중개사사무실을 통해 매물을 소개받아 매수하는 것이다. 그러나 그보다 더욱 매력적인 방법이 있는데, 바로 부동산 경매다. 우리는 경매로 시세보다 20~30% 싸게 노후주택 또는 나대지를 낙찰받을 수 있다. 그뿐인가, 경매의 가장 큰 이점은 구도심은 물론이거니와 다세대와 다가구가 모여있는 주거밀집지역 위주로 30년 이상 된 노후주택이 많이 쏟아져 나온다는 것이다. 실제 경매 물건들 중에는 노후주택 또는 나대지를 쉽게 접할 수 있다. 필자는 지금도 경매를 통해 노후된 건물 또는 나대지를 낙찰받아 건축을 하거나 예비 건축주에게 토지를 제공해 주고 있다.

이렇듯 예비 건축주들은 경매를 통해 입지가 좋고 저평가되어 있으며 건물이 심하게 노후되어 건축물의 가치가 거의 없거나 낮은 물건을 찾아야 한다. 보통 경매로 나오는 노후주택은 법원의 요청으로 감정평가사가 시장가치를 기준으로 시세를 조사하게 된다. 감정평가

감정평가액	─金이억오천이백칠십사육천육백원整 (₩252,746,600.─)				
의 뢰 인	인천지방법원 사법보좌관		감정평가목적	법원경매	
채 무 자	─		제 출 처	경매11계	
소유자 (대상업체명)	주식회사 외 1명 (2017타경)		기 준 가 치	시장가치	
			감정평가조건	─	
목 록 표 시 근 거	귀 제시목록		기 준 시 점	조 사 기 간	작 성 일
			2017.06.30	2017.06.29~2017.06.30	2017.07.06

	공 부 (의 뢰)		사 정		감 정 평 가 액	
	종 류	면적(㎡) 또는 수량	종 류	면적(㎡) 또는 수량	단 가	금 액
감 정 평 가 내 용	토지	175	토지	175	1,350,000	236,250,000
	건물	22평8홉4작	건물	75.51	─	10,176,600
	제시 외	(80)	제시 외	80	─	6,320,000
	이	하	여	백		
	합 계					₩252,746,600

감정평가액의 산출근거 및 결정의견

" 별 지 참 조 "

사는 노후된 단독·다가구주택의 경우 토지·건물을 개별로 감정하여 합산하는 방식으로 해당 부동산의 가액을 산정하되 거래사례, 감정평가전례 등을 통해 감정평가액을 정한다. 따라서 경매로 나오는 단독·다가구주택의 경우 건축물의 가치는 아주 낮게 평가된다. 대부분 토지가액의 비중이 80~90%를 차지한다고 해도 과언이 아니다.

사진의 물건은 실제 수도권에 경매로 나온 노후단독주택이다. 1층 단독주택으로 토지는 175㎡(53평)이며, 토지가액은 2억 3,625만원이다. 건물의 가액은 제시 외 건물까지 포함하여 1,650만원 정도이다. 이처럼 토지가액 대비 건축물의 가액은 7%이며, 토지가액은 93%이다. 만약 해당 물건을 경매로 70%에 낙찰받는다면, 시세보다 23% 싸게 토지를 매입하는 것이나 마찬가지다. 왜냐하면 단독주택의 평가액 7%(1,650만원 정도)는 철거 후 사라지는 셈이기 때문이다.

대부분 경매로 나온 노후된 단독·다가구주택들은 주택의 가액이 매우 낮게 평가된다. 따라서 노후주택을 매입하기 전 노후주택가액 대비 토지가액과 건축물의 철거비용도 사전에 꼼꼼히 체크해야 한다. 왜냐하면 우리는 '노후주택=나대지'라는 공식으로 접근하기 때문이다.

이처럼 노후주택은 사람이 살기 힘들고, 제구실을 못하기 때문에 가치가 낮게 평가된다. 실제로 '건축물생애이력관리시스템'에 따르면 30년 이상 된 노후단독주택은 2017년 기준 전국 210만호 이상으로 매년 9만호씩 증가하여 2035년에는 노후

철거비용
건물의 연면적과 석면 여부, 현장 내·외부상황에 따라 다르지만, 통상적으로 평당 15~25만원 사이다.

단독주택 수가 최고점에 이를 것으로 예상된다.

필자는 노후주택의 수가 증가함에 따라 노후주택은 이제 새로운 재테크 수단이라고 생각한다. 당신이 예비 건축주가 아니더라도 노후주택은 새로운 투자의 기회가 될 수 있다. 이처럼 아무도 거들떠보지 않는 곳에 답이 있는 것이다.

#06

건축의 **캐스팅보트,**
주차공간

설계를 할 때 캐스팅보트 역할을 하는 것이 바로 주차공간이다. 주차
공간이 어떻게 정해지느냐에 따라 6층이 되려던 건물이 5층으로 내
려갈 수도 있고, 이에 따라 본 사업을 진행할 것인지 말 것인지가 결
정되기도 한다. 일조권, 상권분석, 분양성, 용적률 등 다른 조건이 모
두 만족한다고 해도 마지막에 주차공간이 확보되지 않으면 건축은
물 건너가게 된다. 다시 말해 주차공간이 건축을 할지 말지를 결정하
는 '캐스팅보트'인 셈이다.

건축물당
주차대수의 규정이 있나요?   우리가 노후주택 매입

을 위해 이 지역 저 지역을 돌아보며 발품을 팔던 중 괜찮은 물건을 발견했다고 치자. 그리고 그 자리에서 지번과 용도지역을 확인하고 일조권 등을 분석하여 얼마만큼의 건물이 올라갈 수 있을지 예측하고, 머릿속에 가설계를 그려본다.

이때 다세대주택을 지어 분양을 하고 싶은데, 한 세대당 몇 대의 주차공간을 차지해야 되는지 몰라 정확한 세대수를 정할 수 없다면 난감한 일이다. 특히 수익형 주택에 있어 한 가구의 증가는 수익률과 직결되는 아주 중요한 사항이다. 만약 한 세대의 분양가를 2억원이라고 가정하면 한 세대가 줄어드는 것은 큰 손실이자 심지어 사업을 접어야 할 수도 있다.

그리고 반대로 주차공간이 한 대 더 나와 생각했던 것보다 한 세대가 증가하면 수익은 크게 증가한다. 그렇기 때문에 수익형 주택의 종류별로 얼마의 주차공간이 필요한지 파악하는 것은 매우 중요하다.

기본적으로 주차장법은 자동차 교통을 원활하게 하여 공중의 편의를 도모하기 위한 목적으로 설립된 법으로, 노상주차장, 노외주차장,

수익형 주택의 주차장법(서울시 기준)

해당 건축물	지자체 주차장 설치기준
제1종, 제2종 근린생활시설	• 시설면적 134㎡당 1대
다가구주택, 공동주택(다세대, 연립)	주택법 규정 적용 • 전용면적 30㎡ 이하 : 세대당 0.5대 • 전용면적 30㎡ 초과 60㎡ 이하 : 세대당 0.8대 • 전용면적 60㎡ 초과 : 세대당 1대
다중주택	• 시설면적 50㎡ 초과 150㎡ 이하 : 1대 • 시설면적 150㎡ 초과 : 1 + (시설면적-150)/100

* 소수점 이하 첫 번째 자리에서 반올림

부설주차장, 기계식 주차장치 등 종류에 따라 적용되는 기준이 다르다. 그중 수익형 주택은 부설주차장에 해당된다.

부설주차장의 설치대상지역은 도시지역, 지구단위계획구역, 지방자치단체가 조례로 정하는 관리지역이며, 설치 위치는 해당 시설물의 내부 또는 부지 안이다. 설치기준은 설치대상 종류에 따라 다른데, 일반적으로 제1종, 제2종 근린생활시설 및 숙박시설은 시설면적 200㎡당 1대로 규정하고 있다.

또한 다가구주택을 제외한 단독주택의 경우 시설면적 50㎡ 초과 150㎡ 이하는 1대, 시설면적 150㎡ 초과의 경우에는 1대에 150㎡를 초과하는 100㎡당 1대를 더한 대수이다. (N = 1 + 〔시설면적-150〕/100)

만약 단독주택 중 다중주택을 시설면적 300㎡로 건축한다고 가정해 보자. 300㎡를 위 공식에 넣으면 2.5가 나온다. 주차장법에서는 소수점 이하인 경우 소수 두 번째 자리는 버리고, 소수 첫 번째 자리는 반올림하는 것이 원칙이다. 따라서 2.5의 소수 첫 번째 자리를 반올림한 3대가 필요한 주차대수이다.

이외에 기숙사를 제외한 공동주택과 다가구주택, 오피스텔은 주택법의 규정을 적용한다. 이 중 다가구주택은 주택건설기준 등에 관한 규정 제27조 제1항에 따라 전용면적 30㎡ 이하는 세대당 0.5대, 전용면적 30㎡ 초과 60㎡ 이하는 세대당 0.8대, 전용면적 60㎡ 이상은 세대당 1대이다.

이때 주의할 점은 이러한 설치기준은 모든 지역에 동일하게 적용되는 것이 아니라 단지 일반적인 사항일 뿐 주차장법은 각 지역마다 적용되는 기준이 달라 반드시 해당 지자체의 주차장 조례를 살펴봐야 한다는 것이다. 예를 들어 서울시 기준 제1종, 제2종 근린생활시설은 시설면적 200㎡가 아닌 134㎡당 1대로 주차대수를 계산한다.

만약 서울지역의 총연면적이 415㎡인 대지에서 임대사업을 하고싶어 1층은 필로티구조로 주차공간을 구성하고, 2~5층은 제2종 근린생활시설로 설계하여 건축을 한다고 가정해 보자. 이 경우 415㎡를 134㎡로 나눈 3.09대가 이 건물의 필요 주차대수이다. 역시 소수점 이하인 경우 소수 두 번째 자리는 버리기 때문에 이 건물은 총 3대의 주차대수가 필요하다.

주차대수 1대당
얼마만큼의 주차공간을 차지하나요?

지금까지 수익형 주택의 주차장 설치기준에 대해 살펴보았다. 그런데 정작 주차대수 1대당 얼마만큼의 주차공간을 차지하고 있는지 알지 못한다면 최종적으로 주차대수를 산정할 수 없다. 매입할 토지가 50평이고, 다세대로 8세대로 구성해 총 8대의 주차대수로 사업을 진행했는데, 나중에 보니 해당 부지의 공간부족으로 주차대수가 6대밖에 안 나온다면 사업을 중단해야 한다. 그렇다면 1대당 주차대수가 차지하는 공간은 도대체 얼마나 될까?

주차장법에서 규정하는 일반주차의 구획크기는 2.3m×5m(11.5㎡)로 약 3.5평을 차지한다. 이렇게 기본 주차장 크기는 2.3m×5m가 적용된다. 하지만 문 콕에 따른 사고 등을 개선하기 위해 2018년 3월

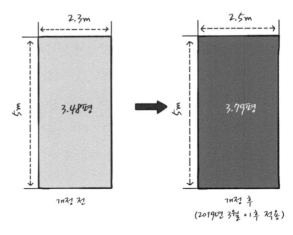

기본 주차장 크기 변경

2.3m
5m
3.48평
개정 전

2.5m
5m
3.79평
개정 후
(2019년 3월 이후 적용)

22일부터 주차장의 기본 폭이 2.3m에서 2.5m로 변경되어 2.5m×5m(12.5㎡)로 시행되었다. 다만 개정된 주차장법은 1년의 조정기간을 거쳐 2019년 3월 이후부터 본격적으로 적용될 예정이다.

'아니, 겨우 폭 0.2m 가지고 그러네'라고 생각할 수도 있지만, 8대면 1.6m이고 주차공간으로 따지면 2.4평이나 차이가 난다. 무시 못할 크기이다. 따라서 앞으로 건축을 하려면 바뀐 주차장법에 맞게 어떻게 필요한 주차공간을 설계하느냐가 건축의 승패를 좌우할 것이다. 또한 건축사를 잘 만나는 것도 중요하다. 건축사에 따라 숨은 공간을 활용하여 4대가 나올 주차대수를 5대로 나오게끔 설계할 수도 있기 때문이다.

그리고 주차대수가 8대 이하인 경우에는 별도 주차기준을 알고 있다면 주차공간을 짜임새있게 활용하는데 큰 도움이 될 수 있다. 차로의 너비가 3m 이상인 경우 평행주차를 할 수 있으며, 차로의 너비

차로 너비에 따른 주차형식

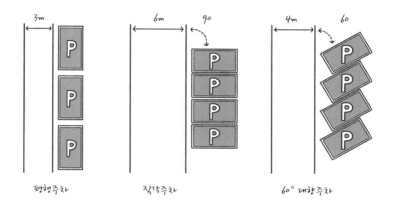

가 6m 이상이면 직각주차로 주차공간을 구획할 수 있다. 차로의 너비가 4m 이상이면 60도 대향주차도 가능하다. 이밖에 주차대수 5대 이하의 주차단위구획은 차로를 기준으로 하여 세로로 2대까지 연접하여 배치할 수 있다.

지금까지 주차공간 확보가 얼마나 중요한지 살펴보고 이에 따른

연접주차

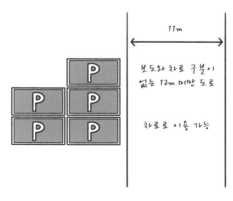

주차장법의 적용기준에 대해 알아보았다. 사실 건축을 하는데 있어 용적률, 건폐율, 일조권 등 중요하지 않은 것이 없다. 인공위성이 발사되기 위해 로켓에 수많은 부품들이 설치되고 내로라하는 전문가와 엔지니어들이 발사준비를 한다. 그렇게 완벽하게 발사준비를 해놓고 발사를 해도 아주 작은 요인 하나 때문에 발사 도중 로켓이 발화되거나 추락한다. 사소한 실수조차 용납되지 않는 것이다. 건축도 마찬가지로 하나하나 뜯어보면 모든 요소가 다 중요하다. '이거 하나쯤 괜찮겠지' 하는 생각으로 접근했다가는 실패하기 쉽다.

모든 요소가 중요한 건축에서 캐스팅보트라고 할 만큼 주차공간이 중요하다고 말한 이유는 그만큼 꼼꼼히 주차공간을 확인하라는 필자의 진심 어린 생각에서 비롯된 것이다. 이 시간에도 주차대수 때문에 울고 웃는 건축주들이 당신의 주위에 많다는 사실을 명심하자.

07

땅만 가지고 있어도
수익은 2배

〈응답하라 1988〉의 마지막회에서 덕선이네 집이 서울 도봉구 쌍문동에서 성남시 분당구 판교로 이사를 갔다. 덕선이네가 쌍문동을 뒤로하고 이사를 갔던 곳이 바로 제2의 강남이라 불리는 '판교'이다. 당시만 해도 판교는 검단산과 청계산으로 둘러싸인 논과 밭뿐인 시골마을이었다.

덕선이 아빠가 이사를 갔던 1994년 기준 판교의 토지 시세는 평당 60~100만원 수준이었다. 하지만 2000년대 초반 개발 호재로 토지 시세가 급등하면서 평당 350~400만원까지 치솟았다. 만약 덕선이 아빠가 300평짜리 단독주택을 샀다면 5~6년 만에 8억원 정도의 시세차익을 볼 수 있었을 것이다. 물론 지금까지 가지고 있었다면 그 금액은 상상을 초월할 것이다.

지금까지 땅값은
내려간 적이 없다

토지가격 조사가 이루어진 이래 전국 땅값이 떨어졌다는 이야기를 들은 적이 없다. 아파트가격, 건물 시세, 빌라가격이 시장수요에 따라 오르락내리락 반등을 거듭한 적은 있어도 땅값이 떨어졌다는 얘기는 도통 듣기가 힘들다. 토지의 가격은 시세 외에 공시지가라는 것이 있다. 공시지가는 표준공시지가와 개별공시지가로 나뉘는데, 표준공시지가는 양도소득세·종합토지세·취득세 등 세금을 징수하는 기초자료로 사용되며, 전국 2,700만 토지 가운데 대표성이 있는 50만 토지를 골라 산정한다. 이와는 달리 개별공시지가는 개별토지의 단위면적당 토지가격으로, 전국에 있는 모든 토지에 각각의 가격이 정해져 있다. 바로 이 '공시지가'가 공시지가 제도 도입 이래 한 번도 내려간 적이 없다. 10년 동안 부동산 투자를 하면서 필자는 아파트의 공시지가가 떨어졌다는 이야기는 들어봤어도 토지의 공시지가가 떨어졌다는 이야기는 들어본 적이 없다. 부동산을 오랫동안 투자하는 고수들이 토지에 애착을 갖는 이유다. 한마디로 토지의 가치는 계속해서 오른다.

국토부에 따르면 2017년 전국 토지가격 상승률은 평균 3.88%로 2016년 2.7%보다 1.18%나 높았다. 특히 이 해는 10년 만에 토지가격의 상승률이 가장 컸던 해로, 집값은 내려도 토지 값은 오른다는 공식을 다시 한 번 확인시켜 주었다. 특히 울

공시지가
국토부장관이 조사·평가하여 공시한 토지의 단위면적당 가격으로, 부동산 가격공시 및 감정평가에 관한 법률에 의해 산정된다.

산, 충남, 경북은 집값 하락 속에서 땅값이 큰 폭으로 오르는 등 토지의 저력을 보여주었다. 이처럼 토지는 매입하는 순간부터 바로 이익을 창출하기 시작한다. 또한 어느 날 '평민'이었던 토지가 '양반'으로 신분상승하여 지주에게 큰 시세차익을 가져다 주기도 한다.

건축을 통해
엄청난 분양수익을 올리다

필자와 친한 친구인 L군은 어릴 적부터 서울 강동구 천호동 단독주택에 살고 있었다. 필자도 방문할 때마다 주변에 건물들과 메이저 아파트 브랜드들이 들어서며 발전하는 것이 눈에 보였다. 그러면서 L군의 집이 위치한 주변지역이 천호역과 강동역의 더블역세권 영향으로 개발에 개발을 거듭하더니 급기야 상권이 커져 제2종 일반주거지역이었던 용도지역이 일반상업지역으로 변경되었다. 상권이 커져 상업지역이 늘어났고, 그에 따라 일반상업지역도 늘어난 것이다. 자연스럽게 유동인구가 많아지고 상권이 형성되기 시작하여 토지의 시세가격이 큰 폭으로 상승했다.

L군의 부모님은 단지 소유만 하고 있었을 뿐인데 토지가격의 상승과 용도지역 변경에 따른 건폐율·용적률 상승의 혜택을 누리게 되었다. 용도지역이 변경된 이후 필자가 L군의 집에 방문했을 때, 마침 L군의 어머님도 계셔 오랜만에 인사를 드리면서 이런저런 이야기를 나눴다.

"어머님 안녕하세요. 오랜만에 뵙네요. 건강하시죠."

"어 그래 덕분에, 고맙다. 요즘 건축을 한다며. 젊은 나이에 정말 대단하구나. 내 아들이 요즘 네 이야기를 자주 하더라."

"아, 뭘요, 처음이 어렵지, 건축도 하다 보니 재미있더라고요."

"우리는 이 동네에서 오래 살긴 했는데, 살던 집도 오래되고… 요즘 나이가 들어서 그런가 이 집을 팔고 아파트로 이사를 갈까 하는데…."

이 이야기를 듣자마자 필자는 갑자기 이런 생각이 머리를 스치고 지나갔다.

'용도가 제2종 일반주거지역에서 일반상업지역으로 변경됐으니 충분히 건축을 통해 수익을 볼 수 있지 않을까?'

"어머니, 그럼 지금 살고 계신 집을 허물고, 건물을 올린 후 남은 수익으로 아파트로 이사가시는 건 어떠세요?"

이 소리를 듣고 L군의 어머니는 잠시 당황해 하시더니 "그게 가능하니?"라고 물으셨다.

"네, 제가 한 번 알아볼게요. 충분히 가능할 거 같아요."

이후 필자는 사무실로 돌아와 해당 필지의 가도면을 뽑아 수익성을 분석했다. 해당 필지는 약 80평 정도로 서울시 일반상업지역의 건폐율 60%와 용적률 800%를 적용하여 최대한 수익성이 높은 도시형생활주택으로 설계를 했다. 원룸형 도시형생활주택의 경우 당시 서울시의 조례에 따라 30㎡ 미만의 평수는 세대당 0.5대, 30㎡ 이상 60㎡ 미만은 세대당 0.7대로 주차장법을 완화해 주면서 작은 평수로 여러 세대를 뽑을 수 있었다. 1층은 필로티구조로 하여 자주식 주차 10대와 지하를 파 기계식 주차 13대로 주차공간을 확보했고, 2~13층은 각 층당 10평의 1.5룸을 1세대, 15평의 투룸을 2세대로 구성했다.

1.5룸 12세대, 투룸 24세대 등 총 36세대로 구성된 도시형생활주택의 총공사비는 약 28억원으로 예상되었다.

일단 L군 부모님은 토지를 소유하고 있었고, 예상 토지 시세는 약 14억원으로 토지 담보대출을 통해 70%인 9억 8,000만원의 대출이 가능했다. 이에 필자는 P2P로 대출을 받아 부족한 공사비를 충당해 공사를 진행할 수 있다는 상세자료를 만들어 L군 부모님에게 설명드렸다. L군 부모님은 설명을 충분히 들으시고 심사숙고 끝에 결국 건축을 진행하기로 결정했다. 그리하여 10개월 간의 공사기간을 거쳐 준공이 되었고, 준공 후 두 달여 기간 동안 분양이 완료되었다. 금융비와 기타비를 포함해 총공사비 28억원에 분양수익은 57억 6,000만원이 나왔다. 이 분양수익으로 L군 부모님은 천호동 근처 아파트로 입주했다.

L군 부모님이 그냥 기존의 단독주택을 시세인 14억원에 팔았다면 주변 개발에 따른 토지 시세 상승분만 시세차익으로 볼 수 있었을 텐데, 건축을 통해 29억 6,000만원의 생산자 수익을 올릴 수 있었다. 이처럼 건축에서 가장 중요한 것은 무엇보다 토지를 소유하는 것이다. 따라서 토지를 싸게 매입할 수만 있다면 얼마든지 수익률을 높여 건축이 가능하다.

위의 사례에서처럼 건축의 원동력은 다름 아닌 토지이다. 토지를 매입하면서부터 당신은 이미 건물주이다. 혹자는 '운이 좋아서 그렇게 된 것이다'라고 말한다. 그렇다. 운이 좋아서 그 토지를 소유했고, 건축을 해서 건물주가 되었다. 하지만 운이라는 것도 당신에게 유리한 쪽으로 끌고 올 수 있다.

- 서울시 강동구 소재 단독주택(일반상업지역)
- 토지 시세가 : 14억원
- 총공사비 : 약 28억원(평당 470만원 × 연면적 600평)
- 총비용 : 42억원(토지 구입 예정시)
- 36세대 분양수익 : 57억 6,000만원

필자 역시 그 '운'을 잡기 위해 지속적으로 경매사이트를 보고, 건축 공부를 했고 좋은 땅이 있으면 만사 제쳐놓고 여기저기 땅을 보러 다녔다. 이처럼 내가 선택을 하자 운이 좋아졌다. 그렇게 나는 선택에 머물지 않고 계속 행동했고, 그 행동을 지속적으로 이어갔다.

만약 건축은 하고 싶은데 아직까지 엄두가 나지 않고, 건물 짓는 것이 두렵다면 당장 건물을 짓지 않더라도 땅은 잡아 놓자. 땅만 가지고 있어도 성공한 건축주이며 운을 당신 편으로 가져올 수 있다. 그 땅이 언제 얼마나, 그리고 어떻게 당신에게 큰 영향을 줄지는 아무도 모른다. 그리고 땅이 있으면 아마 건축을 해서 건물주가 되고 싶은 마음이 절로 들 것이다. 언제 시작해야 할지 모르겠다고? 지금 당장 시작하라!

#08

노른자위 땅을
만드는 기술

"일확천금을 벌어줄 노른자위 땅은 없다. 단지 땅을 최유효이용(최고의 가치를 창출하는 이용)할 줄 아는 기술이 노른자 땅을 만든다."

 필자가 고객들에게 자주 하는 말이다. 토지는 용도의 다양성으로 인해 분할할 수도 있고 합병할 수도 있으며 용도를 전환할 수도 있다. 따라서 토지를 어떤 용도로 사용할 것인지 그 '목적'이 가장 중요하다. 그리고 사용 목적에 따라 토지의 용도를 '각색'하면 된다. 그것이 바로 노른자위 땅을 만드는 기술인 셈이다.

어떤 땅이
좋은 땅인가?

토지에서 가장 높은 가치를 부여하는 땅

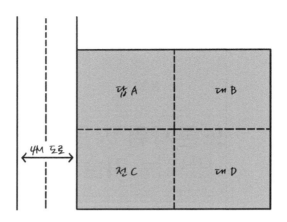

은 지목이 '대(垈)'인 땅이다. 필자는 인정하고 싶지 않지만 많은 사람들이 지목이 '대'인 토지를 찬양한다. 설마 당신도 그러한가? 그럼 당신에게 질문 하나 하겠다. 위의 그림을 보자.

위 토지는 모두 같은 크기인 800㎡(242평)이다. 당신이라면 어떤 토지에 투자하겠는가? 당연히 '대'가 좋지 않은가?(전, 답, 과수원은 농지이다) 필자라면 답A와 전C에 투자를 할 것이다. 그 이유는 대B와 대D는 맹지(도로와 맞닿은 부분이 전혀 없는 토지)이기 때문이다. 맹지는 건축을 할 수도 없으며, 답A와 전C의 소유자 허락 없이는 통행로를 만들 수도 없다. 그러나 답A와 전C는 농지더라도 용도변경(지목변경, 농지전용)을 하여 건축물을 짓거나 야적장 혹은 주차장 부지로 사용할 수 있다. 그런데 답A와 대B가 동일 소유자인데 소유자가 대B만 매도한다고 가정해 보자! 이때 만약 그 소유자가 답A 토지 중 일부를 통행로로 확보해 주는 조건부로 대B를 매도한다면 대B는 네 개의 토지 중 법률적으로 가장 가치 있는 토지가 될 것이다. 이처럼 농지라도 용도변경을 통해 최유효이용을 할 수 있으며, 맹지라도 도로 (통로)가 확보된다면 금싸라기 땅으로 거듭나는 것이다.

초보자들의 경우 토지의 모양을 아주 중요하게 생각한다. 토지는 네모반듯하게 정방형(정사각형 모양의 토지로서 양변의 길이 비율이 1:1 내외인 토지) 모양의 토지가 좋은 땅이라는 것이다. 아주 1차원적인 생각이다. 만약 그렇다면 학교 앞 운동장이나 집 앞 공원부지는 어떤가? 아주 반듯하게 잘 빠져있지 않은가? 그러나 운동장에는 건축물을 짓지 못하고 공원은 내 집 앞 마당으로 쓸 수 없다.

1) 법령을 확인하라

토지는 모양보다도 그 토지를 어떤 용도로 사용할 수 있는지가 우선시되어야 한다. 해당 토지를 둘러싼 행정계획이나 관련 법률, 건축규제, 용도지역 등을 잘 파악하자. 결국 토지의 가치를 결정하는 가장 큰 요인은 정책과 그 토지에 부여된 법령이다.

2) 토지의 모양새

법령상 자신의 목적에 따라 이용할 수 있는 토지라면 다음은 모양새이다. 당신이 다세대주택을 짓고 싶다면 적어도 60평 이상의 토지를 확보해야 한다. 그러나 그 토지의 폭이 좁고 길쭉하게 빠져 있거나, 역삼각형 모양으로 꼭지점 부분이 도로에 접해 있으나 그 접하는 면이 좁아 출입에 지장이 있는 경우에는 건축을 하기 매우 곤란해진다.

3) 토지의 높이

주위의 지형지세보다 현저히 낮은 지대의 토지 또는 지형지세보다 높고 경사도가 15도를 초과하는 토지는 보류하는 게 좋다. 일반적으로 주변 지형지세와 비슷한 평지나 지형지세 또는 간선도로보다 조금 낮은 저지를 추천한다. 왜냐하면 조금 낮거나 높은 토지는 건물을 인테리어 하듯이 인공적으로 디자인할 수 있기 때문이다. 인근 토지에 비해 해당 토지가 낮은 경우에는 성토작업(흙을 쌓는 작업)을 하거나, 높은 경우에는 절토작업(땅을 일정한 목적에 맞추기 위해 흙을 깎아 내는 작업)을 통해 보기 좋은 토지로 만들 수 있다. 임야(산)를 깎아서 타운하우스로 조성하거나 농지를 매립해 전원주택을 짓는 것이 그 예이다.

4) 공유수면 매립

공유수면을 매립하여 택지로 조성할 수도 있다. 특히 공유수면 매립의 경우 엄청난 매립이익이 발생한다. 왜냐하면 바다나 하천 등을 육지로 만드는 것이기 때문이다. 우리나라는 땅이 좁기 때문에 토지가 매우 귀하다. 토지는 부증성(토지의 물리적 양을 임의로 증가시킬 수 없는 성질)으로 인해 증가시킬 수 없다고 하지만, 이용전환을 통해 바다 또는 갯벌을 매립하여 새로운 토지를 만들어 낼 수 있다. 이렇듯 새로운 땅을 만들어 낸다는 것은 엄청난 부가가치를 창출하는 것이나 마찬가지다. 하지만 개인이 공유수면 매립을 한다는 건 불가능한 일이지만, 공유수면 매립을 통해 개발된 체비지(사업시행자가 개발사업의 재원마련을 위해 처분 가능한 토지)는 취득할 수 있다. 또한 임야를 개발하거나 농지를 개량하여 가치 있는 땅으로 만들어 낼 수도 있다.

5) 토지의 가격

다음은 가격이다. 토지를 싸게 사는 방법으로는 급매, 경매, 공매가 있다. 토지는 시세보다 싸게 사야 한다. 더욱이 건축물을 짓는다고 할 때 건축주의 수익을 좌우하는 것은 토지 매입비용이다. 왜냐하면 건축비나 제세공과금은 큰 변수가 없는 이상 고정값이기 때문이다. 토지를 싸게 사는 세 가지 방법 중 필자는 경매를 추천한다. 필자의 실전 투자사례를 예로 들어보겠다.

토지는 경매로
건물은 공매로

필자는 경매 정보지를 살펴보던 중 안양시 번화가에 위치한 단독주택을 보게 되었다. 주택과 빌라가 오목조목 붙어 있는 상업지역 골목 안쪽에 자리잡은 이 주택은 지은 지 50년이나 된 낡은 집이었다. 등기사항증명서 확인 결과 토지(60평)는 A의 소유로 대출금이 연체되어 경매가 진행 중이며, 건물(단독주택)은 B의 소유로 세금이 체납되어 공매가 진행 중이었다.

현황조사를 통해 알게 된 사실은 A와 B는 모자지간이며, 어머니 A가 토지와 건축물을 함께 소유하다 아들인 B에게 건축물만 증여해 소유권 이전을 해준 상태였다. 이런 경우 건물과 토지의 소유자가 다르기 때문에 법정지상권이 문제가 되지만 단독주택 건물만 낙찰받아도 토지 소유자에게 대항할 수 있는 대항력이 인정되는 물건이었다. 따라서 단독주택만 낙찰받아 토지 소유자에게 일정 수준의 땅값을 지불하면 건축물을 철거하지 않고 사용할 수 있는 법정지상권이 성립하는 물건이었다. 한 달 앞서 B 소유의 단독주택이 먼저 공매로 진행 중이어서 나는 공매로 단독주택 입찰 후에 경매로 토지까지 낙찰받을 계획을 세웠다.

이런 경우 공매로 주택을 낙찰받은 후 경매로 나온 토지를 낙찰받지 못하더라도 토지 소유자(낙찰자)에게 사용료(지료)를 지불하고 토지를 점유하거나 토지 소유자에게 건물을 시세보다 비싸게 처분할 수 있는 방법이 있었다. 건물을 싸게만 낙찰받는다면 별 문제가 없는 상황이었다. 다행히도 건물은 거저나 다름 없을 정도로 싸게 낙찰을 받았다(공매 감정가 1억 1,000만원 → 낙찰가 2,200만원). 법정지상권이 있는 특수물건은 일반투자자들이 입찰을 꺼리기 때문에 특수물건에 대한 몇 번의 경험이 있었던 나에게 경쟁력이 있었던 것이다. 그렇게

법정지상권

토지와 건물의 소유자가 동일한 경우에 저당물의 경매로 인해 토지와 그 지상건물이 다른 소유자에 넘어가면 토지 소유자는 건물 소유자에 대해 지상권을 설정한 것으로 본다. 단, 토지 사용의 대가는 당사자의 청구에 의해 법원이 이를 정한다.

공매로 단독주택을 낙찰받고, 이제 토지의 경매 입찰기일이 다가왔다. 토지까지 경매로 낙찰받을 수 있다면 그야말로 금상첨화였다. 경매로 나온 토지에는 다수의 투자자들이 입찰하여 경쟁이 있기는 했지만, 운 좋게 시세보다 50% 싸게 매입할 수 있었다(감정가 1억 8,000만원 → 낙찰가 9,000만원). 그렇게 번화가에 위치한 단독주택을 낙찰받는 데까지 총 1억 1,200만원이 들었

- 안양시 만안구 소재 단독주택 (제2종 일반주거지역 건폐율 60% 용적률 250%)
- 토지(경매) 및 건물(공매) 매입가 : 1억 1,200만원
- 인테리어 공사비 및 취득세 : 3,500만원
- 전세보증금 : 1억 6,000만원
- 매도가 : 2억 8,000만원
- 양도차익 : 1억 3,300만원(세전)

다. 건물을 점유하던 건물주는 '명도' 전에 이미 다른 곳으로 이사를 갔다. 역시 집안은 엉망이었고 손볼 곳이 한두 군데가 아니었다.

매각대금 완납 후 소유권을 이전하고, 단독주택 인테리어를 전문으로 하는 전문가를 알아보았다. 인테리어업자 섭외에만 3주가 넘게 걸릴 정도로 인테리어에 심혈을 기울였다. 그렇게 관리가 안 되어 엉망이었던 집을 3,500만원의 돈을 들여 카페 분위기의 예쁜 집으로 환골탈태시켰다. 위치가 워낙 좋은 번화가에 있었고, 교통도 편리해 장기적으로 상승가치가 높은 집이었다.

필자가 과감하게 이 노후주택을 매입한 가장 큰 이유 중 하나는 이 주택이 건부지(건축물이 들어서 있는 토지) 상태였지만, 단독주택을 허물면 4층짜리 빌라를 건축할 수 있는 땅이기 때문이었다. 앞에서도 언급했지만 노후주택은 훌륭한 나대지다. 필자는 보통 경매 투자를 할 때에는 단기투자 방식을 추구하지만 이 물건의 경우에는 재매매

시기를 늦추고 장기보유를 결심했다.

그리고 1억 6,000만원에 두 자녀를 둔 젊은 부부에게 임차를 주었다. 취득세와 인테리어비용, 기타 매입비용 등 모두 합쳐 1억 4,700만원 정도가 들어갔으니 모든 비용을 제하더라도 1,300만원이나 잉여금이 남았다. 그리고 전세 2년을 주는 동안 땅과 건물의 가격이 2억 2,000만원 상승했고, 2년 뒤 필자는 세입자와 재계약을 하지 않고 빌라 건축업자에게 2억 8,000만원에 매도했다.

Part 4

건축주 되기
프로젝트
(2) 실전 건축

#01

건축의 **시작**은
설계사무소 선정

필자가 처음 건축에 도전을 할 때 경매로 나대지를 입찰받은 후 건축 절차를 몰라 여기저기 조언을 구하러 다녔다. 건축을 하려면 설계부터 해야 하는데 어떻게 설계사무소를 선정해야 할지도 모르겠고, 어떤 설계사무소를 선택해야 할지 도무지 감을 잡을 수 없었다.

관할 구청에서
설계사무소를 소개받다

처음에는 무작정 인터넷에서 '설계사무소'라고 검색해 여기저기 둘러보았지만, 이런 곳들은 보통 규모가 크고 굵직굵직한 설계외주로 일을 진행하고 있어 소규모 건축사업을 하려는 필자는 그 업체에 의뢰할 엄두가 나지 않았다. 필자가 건축할 건물은 임대를 목적으로 하는 소규모 수익형 주택이었기 때문에 나에게 맞는 설계사무소를 찾아야 했다.

이곳저곳을 알아보던 중 건축할 지역의 구청이나 시청에 문의하면 설계사무소를 소개시켜 준다는 지인의 조언을 듣고 관할 구청에 방문했다. 건축과에 문의하니 친절하게 설계사무소 몇 군데를 소개시켜주었다. 필자는 소개받은 설계사무소들을 직접 찾아가 필자가 소유한 토지의 주소와 지번을 알려주고 앞으로 어떤 방향으로 건축을 진행하고 싶다는 계획을 전달했다. 그리고 그중 필자의 의도를 가장 잘 이해하는 설계사무소 두 곳에 가설계를 의뢰했다. 두 곳 모두 설계사무소 사무실도 그럴싸하게 꾸며져 있었고, 지금까지 진행한 것으로 보이는 건축모형들이 전시되어 있었다.

1) 가설계

기본적으로 가설계를 받으려면 최소 10만원에서 많게는 50만원은 줘야 제대로 된 가설계를 받을 수 있다. 두 설계사무소 모두 필자랑 거래해본 적이 전혀 없었기 때문에 무료로 부탁할 수 없어 10만원씩 내고 가설계를 진행했다. 그렇게 5일 정도 지나자 가설계가 나왔다는 연락이 왔고, 두 곳 중 더 마음에 드는 쪽으로 계약을 진행했다.

2) 설계비 및 감리비 조율

계약을 진행하기 전 건축 관련 서적과 주변 지인들을 통해 평균적인 설계비를 확인할 수 있었다. 적게는 평당 10만원에서 고급주택의 경우 평당 50만원 이상도 받는다고 했다. 이처럼 정해진 금액도 없고 설계사무소마다 금액이 천차만별로 책정되고 있는 실정이라 설계 예산을 얼마로 잡아야 할지 난감했다.

설계사무소에서는 감리비 별도로 평당 10만원의 설계비를 요구했는데, 필자는 주변 건축주들을 소개시켜 주겠다며 감리비 포함 10만원으로 계약을 체결했다. 참고로 소규모주택의 공사에 부실이 많다는 이유로 2016년 8월부터 '일정규모 이상'이 되지 않는 소규모 건축물의 경우 허가권자인 지자체가 해당 건축물의 설계에 참여하지 않은 자 중에서 '공사감리자'를 지정하도록 법이 변경되었다. 여기서 말하는 '일정규모 이상'이란 건설산업기본법 제41조 제1항에 명기된 연면적 200평을 초과하는 주거용 건축물과 연면적 150평을 초과하는 주거용 외의 건축물이 이에 해당한다.

다시 말해 200평 이하인 주택과 150평 이하인 근린생활시설 같은 건물에는 지자체가 정한 감리자를 지정해야 한다는 이야기이다. 필자의 경우는 연면적 150평 이하의 근린생활시설이었지만, 이 법이 시행되기 전에 계약이 이루어졌기 때문에 건축주가 직접 설계사무소와 협의하여 감리자를 지정했다.

3) 설계도면 확인

그렇게 계약을 진행하고, 한 달이 지나자 설계사무소 소장에게서 연락이 왔다. 건물 설계가 나왔으니 한 번 사무실에 들르라는 것이었다. 그렇지 않아도 목 빠지게 기다리고 있던 필자는 쏜살같이 사무실로 달려갔다. 도착하니 소장은 스케치업이라는 프로그램으로 건물 외관을 디자인해서 보여주었다. 그 당시에는 스케치업이 뭔지도 몰라 상당히 멋지게 디자인이 된 걸 보고 '드디어 내가 건물주가 되는 구나' 하는 생각에 무척 기분이 좋았다.

건물 외관 디자인을 이리저리 둘러보다가 추가적으로 수정하고 싶은 부분과 필자가 원하는 방향으로 바꿔달라고 소장에게 요청했다. 소장은 며칠이 지나 수정된 디자인을 필자에게 보내왔다. 수정된 디자인을 본 필자는 썩 마음에 들지 않았다. 내 요구가 제대로 반영되지 못한 듯한 느낌을 받은 것이다. 그래서 다시 요구하고, 다시 또 수정된 디자인을 받고를 5차례 정도 반복했다. 보통 하나의 건축물을 설계하기 위해 이 정도 변경이 있다고는 들었지만, 그 횟수가 늘어날수록 지쳐만 갔다. 더구나 설계사무소 소장의 예술적 자부심과 의견이 강해 나중에는 필자가 건축주인지 소장이 건축주인지 헷갈릴 정도였다. 결국 어느 정도 절충안으로 최종본이 나오기는 했지만, 너무 자기만의 예술세계가 강한 건축사를 만나면 건축주가 힘들 수 있다는 큰 교훈을 얻었다. 지금 생각해 보면 참 어리숙했지만, 그때 몸소 체험했던 노하우로 이제는 어떤 설계사무소를 선정해야 할지 알게 되었다.

건축사

건축주(고객)의 의뢰를 받아 건축물의 설계 및 공사 감리를 할 수 있는 자격을 가진 기술자를 말하며, 국토교통부에서 시행하는 건축사 자격시험에 합격해야 한다.

4) 건축사의 유무 확인

설계사무소를 선정할 때 가장 중요한 것은 건축사가 소장으로 있는 곳을 선택해야 한다. 지금에서야 알게 된 사실이지만, 필자가 계약했던 설계사무소의 소장은 건축사가 아니었고, 아는 지인의 건축사 면허를 대신 사용해 설계를 하던 곳이었다.

　건축사가 소장으로 있는 곳을 선택해야 하는 이유는 보통 설계를 맡기면 건축사 밑에 있는 직원들이 설계를 도맡아서 하고 건축사가 관리감독을 하게 되는데, 건축사가 소장이면 아무래도 그렇지 않은 곳보다 더 참여를 많이 하다 보니 그만큼 완성도 높은 설계도를 받아볼 수 있다. 그리고 너무 자기 개성이 강한 건축사를 만나면 건축주의 의도와는 다르게 건물이 설계될 수 있을 뿐만 아니라 공사비를 생각하지 않고 설계를 해 나중에는 감당할 수 없는 비용이 나오기도 한다. 따라서 이런 건축사는 피하는 것이 좋다.

　실력 있는 건축사를 선택하기 위해서는 사전에 그가 설계한 사업 프로젝트를 확인하고 그 주소와 지번을 받아 직접 확인해 보는 것도 하나의 방법이다. 또한 건축사가 소장인지 반드시 확인하고, 설계사무소에 방문해서 건축사와 이야기를 많이 나누어 보아야 한다. 이야기를 나누면서 의견을 교환하다 보면 본인에게 맞는 건축사를 만날 수 있다.

　이외에도 허가도면을 처음부터 상세히 그리면 되는데 시간이 촉박한 경우 허가를 받기 위해 법적인 테두리 안에서 간단히 그리는 건축사도 있다. 이런 경우 허가도면 후 실시도면을 제대로 그려 건설하는데 필요한 정확한 자재, 치수 등이 표기될 수

용어설명

허가도면 : 지자체의 인허가 담당자가 건물이 법적으로 문제가 있는지 없는지 체크를 할 수 있도록 설계한 도면을 말한다.
실시도면 : 실시설계 종료 후 건축주에게 제출하는 설계도면으로, 평면도·입면도·단면도·구조도·상세도 등을 포함하며, 일반적으로 공사계약서에 첨부된다.
계획도면 : 시공계획을 나타낸 도면으로, 가설·터파기·흙막이·철골조립·콘크리트 등의 계획도를 말한다.

있도록 해야 한다. 물론 실시도면이 그려지기 전에 <u>계획도면</u>을 그려 설계사와 건축주와의 면밀한 협의를 통해 최종안이 확정되게 된다.

설계비를
아까워해서는 안 된다

'달랑 종이 몇 장 그려주고 평당 10만원을 받으면 너무 비싼 거 아냐?'라고 생각할 수 있다. 물론 150평이면 부가세 별도로 1,500만원이다. 하지만 설계비는 종이값만 드는 것이 아니라 직접인건비·외주비·간접비도 포함된다. 그렇기 때문에 설계비로 나가는 돈을 아까워하지 말고 미리 사업비에 정확히 포함시켜야 한다.

곡을 작곡하는 작곡가, 그림을 그리는 예술가 등 창작의 고통을 겪는 사람들에게 우리는 그만큼의 대가를 지불한다. 건축가도 마찬가지다. 새로운 건축물을 짓기 위해 애쓰는 그들이 받아야 마땅한 창작 비용을 지불했다고 생각하자. 다른 사람의 건물도 아니고 본인 건물을 짓는 일인데, 최고의 결과물이 나와야 하지 않겠는가?

#02

건축설계에 따른
공간의 비밀

'올해의 건축상'에 선정된 건축물들을 보면 필자는 "우와!!" 하는 감탄사가 절로 나온다. 건축사들의 설계노하우와 공간을 보는 안목이 결합되어 그런 빼어난 건축물이 나올 수 있었던 것이다. 이처럼 건축에서 설계는 정말 중요하다. 설계를 어떻게 하느냐에 따라 건축물(집)의 모양이 결정되고, 이는 곧 입주자나 세입자의 선택을 받을 수 있는 수익성과도 직결되기 때문이다. 25평이 32평처럼 크게 보일 수도 있고, 반대로 32평이 25평처럼 작게 보일 수도 있다. 당신이라면 어느 집을 택하겠는가? 당연히 크게 보이는 면적일 것이다.

건축에서
설계란 무엇인가?

기본적으로 설계는 어떻게 이루어
지는지, 건축에 있어 꼭 필요한 설계의 개념들을 정리해 보자. 앞에
서도 언급했듯이 건축주가 건축사와 설계 계약 체결시 건축사는 설
계비용으로 평당 10만원에서 많게는 50만원 이상까지 요구한다. 이
때 평당 가격으로 설계비용을 책정하기 때문에 '건축연면적'이 얼마
로 나오느냐에 따라 최종 설계비가 결정된다. 일반적으로 건축 설계
가 완료되면 건축도면, 기계도면, 소방도면, 전기도면, 구조도면, 통
신도면 등 종류별로 도면이 나오게 되는데 이 중에서 건축도면의 제
일 첫 장인 '건축개요'를 보면 이 건물의 위치, 건축 종류, 건축면적,

TAESUNG

■ 설 계 개 요 (단위 = M2)

공 사 명	계양구 귤현동 근린생활시설및 다가구주택 신축계획안
대지 위치	인천시 계양구 귤현동 506번지
대지 면적	공부 면적 386.90 (117.04평)
	설계 면적 386.90 (117.04평)
지역 지구	제2종일반주거지역, 공항시설보호지구, 지구단위계획구역 상대보호구역, 장애물제한표면구역, 중점경관관리구역
공사 종별	신 축
건축 면적	193.36
연 면 적	830.12
건 폐 율	193.36 / 386.90 X 100 = 49.98 %
용적율산정용 연면적	830.12 - 57.32 = 772.80
용 적 율	772.80 / 386.90 X 100 = 199.74 %
최고 높이	18.60 M
건물 구조	철근 콘크리트 구조
주차 대수	6가구 X 1.0 = 6.0 근린생활시설 면적 : 306.15 / 134 = 2.28 따라서 2대 따라서 6.0 + 2.0 대 = 8대 옥내 4대, 옥외 4대 합계 8대 설치
조경 면적	386.90 X 5% = 19.35M2
정 화 조	60인조 FRP 부페행크방식
비 고	

■ 면 적 개 요 (단위 = M2)

	M2 (평)	용 도	비 고
1 층	193.36 (58.49평)	근린생활시설	근린시설 : 136.04 (41.15평) 투자장 : 57.32 (17.34평)
2 층	170.11 (51.46평)	근린생활시설	
3 층	155.55 (47.05평)	다가구주택(2가구)	
4 층	155.55 (47.05평)	다가구주택(2가구)	
5 층	155.55 (47.05평)	다가구주택(2가구)	
옥 탑	17.99 (5.44)		1/8이하로 연면적제외
합 계	830.12(251.11평)	근린생활시설및 다가구주택(6가구)	

계양구 귤현동
근린생활시설및
다가구주택
신축공사

설계 개요

1 / 100

A - 00

연면적이 표시되고, 층별 바닥면적이 표시된다. 한마디로 건축개요는 해당 토지와 건물의 스펙을 한눈에 보기 좋게 정리해 놓은 요약본이라고 생각하면 된다.

1) 설계비의 기준은 건축연면적

여기서 설계비는 건축면적이 아닌 층별 바닥면적을 모두 합한 '건축연면적'으로 결정된다. 건축면적은 건축할 대지의 건축물 외벽의 중심선으로 둘러싸인 부분의 수평투영면적으로, 건물을 위에서 내려다보았을 때 그림자가 지는 면적을 의미한다. 바닥면적은 건축면적과 비슷하지만 다른 점은 건축물 외벽이 아닌 하나의 건축물 각 층의 외벽 중심선으로 둘러싸인 수평투영면적이다. 건축면적과 달리 바닥면적은 각 층의 면적을 고려하는 것이다. 그래서 각 층의 바닥면적을 더하면 '건축연면적'이 된다.

건축면적 VS 바닥면적

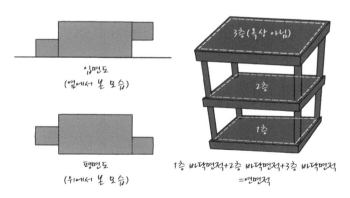

입면도
(옆에서 본 모습)

평면도
(위에서 본 모습)

평면도로 본 모습이 위 건물의 건축면적
→ 건축물의 대지 점유면적

1층 바닥면적+2층 바닥면적+3층 바닥면적
=연면적

3층(옥상 아님)

2층

1층

만약 건축연면적이 830.12㎡이면 1평은 약 3.3㎡이기 때문에 평수로 바꾸면 252평이 된다. 평당 건축비를 10만원으로 책정했다면 2,520만원의 설계비용이 발생한다. 건축주의 입장에서는 면적이 커질수록 수익성이 높아질 수 있어 이득일 수도 있지만, 반대로 추가적인 설계비용과 건축비가 올라갈 수 있다.

2) 발코니 면적은 제외

이렇게 공식적으로 건축연면적에 포함되는 면적이 있는가 하면, 비공식적인 면적도 있다. 공식적으로 용적률 산정시 바닥면적에 들어가지 않아 면적을 추가로 확보할 수 있는 것으로, 일명 서비스 면적이라 불리는 '발코니 면적'이다. 발코니 면적은 '돌출 길이가 1.5m 이내에서는 면적에 산입하지 않는다'라는 건축법의 면적규정이 적용된다. 예를 들어 설계한 실내의 길이가 4m라고 하면 그 실내의 끝선에서 앞으로 1.5m 나간 지점까지의 면적은 바닥면적에 포함시키지 않는다. 따라서 길이가 4m인 경우는 6㎡(4m×1.5m)인 약 1.8평이 서비스로 생기는 것이다. 식으로 간단하게 표현하면 (a×b) − (a×1.5)이다.

요즘 분양하는 아파트의 모델하우스를 가보면 발코니 부분을 점선으로 표시해 놓은 것을 볼 수 있다. 바로 그 부분이 발코니 면적인데 최근에는 발코니를 터서 거실 면적이나 방 면적을 넓히는 추세라 입주해 보면 발코니를 찾아보기 힘들다. 그러나 실제로는 설계시 포함되어 있으며, 발코니 확장을 통해 면적을 넓힌 것이다.

이렇듯 소형주택에서 발코니 확장은 매우 중요하다. 건축주에게는 보너스처럼 생긴 확장면적이다 보니 분양이나 임대시 입주자들에

발코니 면적

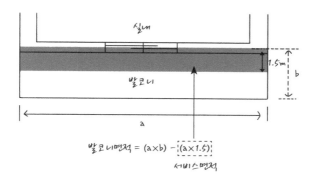

게 넓고 쾌적한 공간을 제공할 수 있는 장점이 생기는 것이다. 그러나 한 가지 주의할 점이 있다. 일부 건축사의 경우 계약시 발코니 면적에 대한 언급 없이 설계를 진행하고, 이후에 추가로 발코니 면적까지 설계비로 요구하는 경우가 있다. 이렇게 되면 건축주의 입장에서는 생각지 못했던 비용이 추가되는 것이기 때문에 상당히 당황스러울 수 있다. 따라서 계약시 발코니 면적에 대해 반드시 언급하고 계약을 진행해야 한다.

발코니 면적을 활용해 건축설계를 보다 효율적으로 하여 공간을 확보하는 것도 중요하지만, 무엇보다 기본에 충실한 설계를 했을 때 건축사·건축주·입주자 모두가 마음에 드는 최고의 작품이 탄생할 수 있다.

수익형 주택 설계시 필요한
각 공간별 체크사항

1) 거실

원룸처럼 면적이 작은 임대용 세대는 별도로 거실이 없지만, 투룸 이상의 세대는 기본적으로 거실이 있다. 거실은 방 또는 주방으로 가는 연결통로이기 때문에 탁 트이면서 독립된 공간이 확보되게 설계되는 것이 좋다. 또한 소파나 TV가 적절히 배치될 수 있도록 전면의 길이와 폭도 신경 써야 한다.

2) 주방

주방은 가급적 외부의 공기에 접해야 하고, 주변에 다용도실이 배치되는 것이 좋다. 그래야 주방에서 쓰는 식자재나 주방기기들을 놓을 공간이 생기며, 요리할 때 생기는 냄새를 비교적 빠르게 배출시키는 데 유리하기 때문이다. 주방 설계시에는 냉장고나 식탁의 위치가 확보되었는지 확인하는 것이 매우 중요하다. 미리 냉장고 위치를 생각하지 않고 설계하면 나중에 인테리어 가구 설치시 배치가 엉망이 될 수 있다. 또 싱크대 공간은 최소 2m 이상은 확보해 주고, 냉장고 근처에 배치하는 것이 활용도가 좋다.

3) 안방

안방은 원룸이나 1.5룸 같이 작은 10평 이내의 크기 구조에서는 따로 구분하지 않지만 전용면적 20평 이상의 비교적 중형 크기의 구조를 뽑아낼 때 설계한다. 공간을 최대한 활용하기 위해 가급적 붙박이장 공간을 확보해서 붙박이장을 기본으로 시공한다. 이때 전등과 창은 붙박이장의 위치를 고려하여 시공해야 한다. 또한 전용면적이 20평 이상의 중형평수이면 안방에 드레스룸과 화장실을 따로 확보해 주는 것이 좋다.

4) 현관

현관의 면적은 신발장을 배치할 최소한의 공간을 확보해야 한다. 지나치게 현관의 면적이 작으면 신발을 놓을 자리조차 협소할 수 있다.

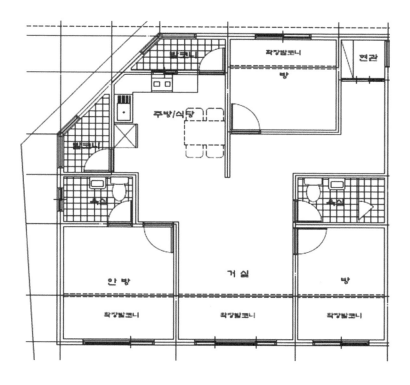

5) 발코니

발코니는 모든 발코니 면적을 확장하지 말고, 한 곳 정도는 비확장형으로 설계하여 발코니를 따로 두는 것이 좋다. 발코니를 서비스 면적으로 전부 확장해 버리면 나중에 세탁기나 보일러를 집안에 따로 설치하기 어려울 수 있기 때문이다.

6) 배관

골조에 배관을 전부 매설하지 말고 비용이 좀 들더라도 덕트를 활용하는 것도 깔끔한 마감을 원한다면 좋은 방법이다. 그 이유는 골조에 배관을 매설하면 나중에 배관에 문제가 생겼을 때 어느 지점에서 문제가 생겼는지 확인이 어렵고, 확인되었다고 해도 골조를 다 까내야 하기 때문에 상당히 번거로울 수 있다.

7) 화장실

화장실은 공사시 바닥 전체를 여유있게 골조 다운시켜서 설계해야 하고, 이 부분은 나중에 구조도면에 반영이 되었는지 확인해야 한다. 반영이 안 되어 있다면 요구해서 변경하도록 해야 한다. 골조 다운을 너무 적게 하는 경우 화장실 문을 여닫을 때 슬리퍼가 걸릴 수 있고 물이 넘칠 수 있다.

  이들 외에도 설계시 신경 써야 할 부분들은 많지만 가장 기본적으로 놓칠 수 있는 부분들에 대해 다루어 보았다. 지금 우리가 살고 있는 집의 방 구조를 한 번 둘러보자. 제대로 설계가 되어 있는지 아니면 불편한 사항들이 있는지 등 우리가 살고 있는 삶의 공간부터 관심을 가지고 설계를 생각하다 보면 건축주가 되어 건물을 설계할 때 미비한 사항들을 반영하여 최적의 공간을 만들어낼 수 있다.

또 디자인 안목을 높이기 위해서는 브랜드 아파트의 모델하우스에 자주 가볼 것을 적극 추천한다. 아파트 모델하우스는 내로라하는 설계 · 인테리어의 전문가들이 꾸며놓은 공간이기 때문에 최신 트렌드와 설계가 반영되어 있다. 모방은 창조의 어머니라고 했다. 미래의 디벨로퍼인 당신도 모방하다 보면 당신만의 세련된 설계와 인테리어가 창조되리라 필자는 믿어 의심치 않는다.

03

건축주만 아는
건축의 비밀

건축에도 건물을 짓기 전 건축가능 여부 판별방법, 수익률 분석방법, 시공사 선정방법 등 건축주만 아는 그들만의 노하우가 있다. 이제 필자는 예비 건축주가 될 당신에게 건축주의 입장에서 성공적인 건축주가 되는 비밀을 알려주고자 한다.

토지 선정부터
수익률 분석까지

먼저 건축을 하기 전 본인이 선정한 대지가 건축이 가능한지 불가능한지를 판별하는 방법이다. 보통 건축하고자 하는 지역을 선정하면 대지를 둘러보기 위해 임장(현황조사)을 가게 된다.

1) 건축이 가능한 토지 확인

여기저기 둘러보다가 마음에 드는 대지가 나타나면 먼저 스마트폰으로 '네이버지도' 또는 '카카오맵' 어플을 실행하여 지적편집도를 클릭, 대지의 지번이 나오도록 한다. 그 다음 건물 부지 주소를 확인하여 주변 상황의 변화와 대지와 도로와의 관계를 확인한다. 일반적으로 '네이버지도' 로드뷰는 현재 건물의 상태를 파악하는데 유용하게 쓰이고, '카카오맵' 로드뷰는 과거의 대지상황을 파악하는데 활용하면 좋다. '카카오맵'의 경우 로드뷰를 클릭하면 화면 중앙상단에 가장 최근 일자가 표시되어 있는데 그곳을 누르면 과거 일자별로 그 당시 로드뷰를 확인할 수 있다.

이 지역이 어떤 지역이며 개발이 활발히 일어나고 있는 지역인지 확인이 됐으면 '토지이용규제 내비게이터' 어플을 실행시켜 용적률, 건폐율, 대지와 도로와의 관계 등을 확인하고, 건축가능행위를 분석한다. 이외에도 '일사편리'라는 사이트를 활용하면 각종 부동산 관련 정보를 확인할 수 있다(토지이용계획, 토지대장, 건축물대장, 개별공시지가 등). 이를 통해 토지뿐만 아니라 해당 건축물에 대해 언제 준공이 이루어졌으며 이에 따라 철거 후 재건축 여부 확인 및 건축물 위반사항도 확인이 가능하다.

2) 토지의 시세 확인

어느 정도 건축이 가능할 것 같다는 판단이 서면 정북방향 일조의 영향을 확인하고, 몇 층까지 올릴 수 있을 것인지 수첩을 꺼내 예상 도면을 어림잡아 그려본다. 그 다음 토지가격을 파악하기 위해 '전국토지시세'라는 어플을 실행한다. '전국토지시세'라는 어플은 앞에서 언급한 벨류맵(www.valueupmap.com) 또는 디스코(disco)에서 어플 형태로 활용할 수 있도록 만든 것이다. 이 어플을 통해 주변 유사한 토지의 거래사례를 통해 토지 면적당 단가를 확인할 수 있다.

3) 예상 건축비 확인

끝으로 건축비를 평당 450~500만원으로 잡고, 건축 연면적에 곱해 총공사비를 산출할 수 있다. 설계비 및 감리비는 건축 연면적에 평당 10만원 정도로 계산하고, 인프라 인입비 및 부대비용은 총공사비의 약 10%로 잡고 계산한다.

4) 수익률 분석으로 최종 확인

그리고 해당 대지에 건축을 할 것인지 말 것인지를 판단하는 마지막 단계로 수익률 분석을 통해 건축가능 여부를 최종판단하면 된다. 이때 '부동산 계산기'라는 어플을 이용하면 취득세, 양도세, 중개보수, 투자수익률 간단분석, 이자, 평수 계산 등 부동산 거래에 필요한 계산을 편리하게 할 수있다. 예를 들어 연 수익률을 구하는 공식은 '(월수익 × 12 - 월 이자)/실투입금'이지만 '부동산 계산기 & DTI 계산기' 어플을 사용하여 빈 칸만 채워주면 자동으로 수익률이 계산된다.

좋은 설계사무소와
시공사 선정은 필수!

이제 건축이 가능하다고 결론이 났다면 다음 단계로 좋은 설계사무소와 시공사를 만나야 한다.

1) 설계사무소 선정

앞에서 언급했지만 설계를 제대로 하려면 먼저 가설계를 여러 곳에서 받아봐야 한다. 법규에 맞게 설계하기 때문에 비슷할 수도 있지만, 건축사의 능력에 따라 천차만별의 구조가 나올 수 있다. 설계를 의뢰할 때는 건축사와 면밀히 검토하고 다양한 의사소통을 통해 신중하게 해야 한다. 다른 것들은 잘못되면 고칠 수 있지만, 설계가 한 번 잘못되면 끝이다.

2) 재무상태가 좋은 시공사 선정

설계사무소 선정이 잘되었다면 이제는 최고의 품질을 위해 실력 있는 시공사를 만나야 한다. 제대로 된 시공사를 만나지 못하면 날림공사로 누구도 살기 싫은 건물이 지어질 수 있다. 특히 좋은 시공사를 만나지 못하면 골조공사부터 제대로 될 수 없다. 골조공사는 철근콘크리트구조로 시공이 되기 때문에 한 번 골조가 올라가면 철거하고 새로 짓지 않는 한 수정이 불가능하다. 그럼 어떻게 하면 좋은 시공사를 만날 수 있을까?

먼저 시공사를 선택할 때 그 시공사의

> **시공사**
> 시행사나 건축주로부터 공사를 발주받아 모든 공사의 전 과정을 관리하는 회사를 말한다.

재무상태를 점검해야 한다. 건축할 때 가장 무서운 것이 중간에 공사가 중단되는 것이다. 이런 경우 피해는 고스란히 건축주가 볼 뿐만 아니라 새로 공사할 시공사를 찾기도 어렵다. 건축이 중단되는 경우는 시공사의 재정이 부실한 상태 말고는 어떠한 경우도 없다. 재정이 튼튼하다면 이윤이 적더라도 실적을 올릴 수 있고 앞으로 지속적으로 건축을 통해 수익을 올릴 수 있는 기회를 시공사가 제 발로 걷어찰 이유가 없다. 잘 지어서 실적을 올리고 회사를 키우는 것이 시공사의 목적이다.

따라서 계약하기 전 가급적 시공사 대표를 직접 만나는 것이 좋다. 대표는 그 회사의 얼굴로 회사 전체를 대표하는 사람이다. 만나서 대화를 해보면 진심으로 건축주를 생각하는지와 건축이라는 자신들의 사업에 자부심이 있는지를 느낄 수 있다. 그리고 해당 시공사에서 지명원을 받아 실제로 시공사가 건축한 건물을 직접 찾아가 보는 게 좋다. 백 번 듣는 것보다 한 번 보는 것이 낫다고 했다. 직접 찾아가 건물의 품질과 하자상태를 눈으로 확인해 보고, 거기 사는 입주자들에게 건물의 만족도를 직접 파악할 수도 있다. 필자의 경우도 시공사를 선정할 때 반드시 해당 시공사에서 준공한 건물을 방문해 건물의 완성도를 살핀다.

그리고 이러한 과정을 통해 시공사가 선정되면 건축주는 시공사와 건설공사 표준도급계약서를 체결하게 되는데 가장 기본이 되는 샘플은 다음과 같다. 그리고 여기에 붙임서류에 명시된 것처럼 도급계약 일반조건과 공사계약특수조건, 산출내역서 등이 첨부된다.

건설공사 표준도급계약서 샘플

민간건설공사 표준도급계약서

1. 공 사 명 :

2. 공사장소 :

3. 착공년월일 : 년 월 일

4. 준공예정년월일 : 년 월 일

5. 계약금액 : 일금 원정 (부가가치세 포함)

(노무비 : 일금 원정)

❖ 건설산업기본법 제88조제2항, 동시행령 제84제1항 규정에 의하여 산출한 노임

6. 계약보증금 : 일금 원정

7. 선 금 : 일금 원정

8. 기성부분금 : ( )월에 1회

9. 지급자재의 품목 및 수량

10. 하자담보책임(복합공종인 경우 공종별로 구분 기재)

공종	공종별계약금액	하자보수보증금율(%) 및 금액		하자담보책임기간
		( )%	원정	
		( )%	원정	
		( )%	원정	

11. 지체상금율 :

12. 대가지급 지연 이자율 :

13. 기타사항 :

도급인과 수급인은 합의에 따라 붙임이 계약문서에 의하여 계약을 체결하고, 신의에 따라 성실히 계약상의 의무를 이행할 것을 확약하며, 이 계약이 증거로서 계약문서를 2통 작성하여 각 1통씩 보관한다.

붙임서류 : 1. 민간건설공사 도급계약 일반조건 1부
2. 공사계약특수조건 1부
3. 설계서 및 산출내역서 1부

년 월 일

도 급 인 수 급 인

주소 주소

성명 (인) 성명 (인)

3) 현장소장

이렇게 설계사무소와 시공사만 잘 골라도 당신이 원하는 건물을 제대로 건축할 수 있다. 하지만 시공사가 잘 선정되었다고 하더라도 현장소장의 실력이 떨어지면 역시 건물의 완성도는 떨어질 수 있다. 우리가 짓고자 하는 빌라 및 상가주택 등을 지어본 경험이 풍부한 현장소장을 선정해야 하며 그렇지 않을 경우 시공사에 현장소장을 변경해 달라고 요청할 수 있다.

이렇게 시공사까지 제대로 선정이 되었다면 건물을 올리는 일만 남았다. 건물이 올라가는 공사진행에 관한 사항은 다음의 '공사 공정에 따른 체크포인트'에서 다루도록 하겠다.

#04

공사 공정에 따른
체크포인트

아파트가 지어지는 것을 본 적이 있는가? 동탄신도시, 고덕신도시, 다산신도시, 송도신도시 등 신도시가 들어서는 지역들은 하나같이 아파트가 계속 올라가며 거대한 아파트 숲을 만들고 있다. 여기저기에서 40층 이상 되는 거대한 건축물이 한 층 한 층 골조가 올라가고, 창이 끼워지고, 외부마감이 되면서 멋진 아파트로 탄생하는 과정이 눈앞에 펼쳐진다.

이런 고층 아파트들은 수많은 공정으로 이루어지고 공사기간도 최소 3년 이상으로 상당히 길다. 그 많은 공정들을 세밀하게 체크하며, 제대로 된 건물로 탄생시키기 위해 엄청난 인력이 투입되고, 규모도 상당히 크기 때문에 시공·토목·전기·기계 등 각 분야의 기술사들이 관리감독을 하게 된다. 게다가 이런 규모는 감리도 상주감리로 진행되기 때문에 한 공정 한 공정이 진행될 때마다 문제점들을 바로바로 점검할 수 있다.

하지만 우리가 짓고자 하는 건물은 이런 큰 규모의 건축물이 아닌 소규모 수익형 주택이다. 당연히 그 분야 최고의 전문가인 기술사도 없고, 감리도 비상주감리이기 때문에 관리감독이 느슨할 수밖에 없다. 그렇다면 기술사와 상주감리가 없다고 제대로 된 건물을 건축할 수 없을까? 그렇지 않다! 기술사와 상주감리가 없으면 없는 만큼 본인이 더 꼼꼼하게 신경 쓰면 된다. 전문가의 지식과 경력이 필요한 일을 아무것도 모르는 일반인이 어떻게 하냐고 생각할 수 있지만, 공정별로 필요한 최소한의 팁을 알고 나머지는 전문가들을 활용하면 된다.

지금 당장 필자처럼 건축전문가가 되기 위해 책을 펼쳐놓고 공부하라는 것이 아니다. 간단한 공정별 체크포인트를 알고 시공하기 전이나 시공시 중요한 부분을 시공사에게 언급해 줄 수 있다면 시공사도 건축주의 의견을 반영하게 된다. 아무도 내 건물을 나만큼 신경 쓰며 관리해 주지 않는다. 그럼 이제 당신이 감리사가 되었다고 생각하고, 각 공정별로 체크해야 하는 사항에 대해 살펴보자.

공정별 점검포인트를 체크하라!

일반적으로 우리가 지어야 할 수익형 주택 건물은 철근콘크리트구조로서, 철근과 콘크리트로 건물이 건축되는 방식이다. 철근콘크리트구조 외에 철골구조, 조립식구조, 목구조 등이 있는데, 이 중에서 철근콘크리트구조가 가장 튼튼하고 안전하기 때문에 대부분 이 방식으로 건축이 이루어진다. 잡아당기는 힘(인장력)이 강점인 철근과 어떤 힘이 물체에 작용할 때 그것을 적게 하려는 작용이 있는데 이때의 힘(압축력)이 강점인 콘크리트가 만나 적절한 조화를 이루면서 강한 구조체가 만들어지는 원리이다.

2층으로 된 단독주택의 경우에는 공사비를 절약하기 위해 목구조 방식으로 짓기도 하지만, 수익형 주택은 대부분 철근콘크리트구조로 지어진다. 간혹 시공사 중에는 철근콘크리트구조로 허가된 건축물을 20% 정도 공사비가 절감된다는 이유로 철골구조로 변경하라고 권유하는 경우가 있다. 공사비가 크게 절약된다는 말에 혹해 철골구조로 변경하는 일도 있는데, 실제로 변경된 도면이 나오면 H-beam 구조 때문에 공간이 일부 줄어들게 되어 울며 겨자 먹기로 다시 도면을 변경해야 하는 경우도 발생한다. 그래서 설계는 무조건 철근콘크리트구조로 해야 된다.

철근콘크리트구조의 시공순서는 크게 경계측량 및 지반조사 → 가설공사 → 터파기 → 지정 및 기초공사 → 골조공사 → 외부 및 내부 창호공사 → 습식공사 → 내장 및 외장공사 → 인프라 인입공사 → 마감(바닥 및 도배) 공사 → 인테리어 공사 → 준공의 순으로 이루어진다.

1) 경계측량 및 지반조사

가장 먼저 이루어지는 공정이 경계측량 및 지반조사인데, 경계측량은 해당 지역의 한국국토정보공사(지적공사)에 의뢰하여 신청하면 2

~3명의 작업자들이 건축주 및 공사 관계자의 입회하에 측량을 해준다.

경계측량이 중요한 이유는 제대로 된 경계가 표시되지 않으면 사업 자체를 실패할 수 있기 때문이다. 당연히 본인 땅인 줄 알고 그 위치에 건물을 건축했다가 나중에 준공 때 확인해 보니 그 위치가 옆집 땅일 수 있는데, 이 경우 해당 지자체에서 원상복구 명령이 떨어질 수 있다. 이렇게 되면 다시 건물을 부수고 지어야 하는데 이는 사실상 사업 실패라고 보면 된다. 실제 남의 땅에 건축물이 건축되었다면 해당 지주에게 엄청난 보상을 해주기도 한다. 그래서 경계측량은 건축을 시작하기 전에 반드시 선행되어야 할 사항이며, 경계측량 후 표시된 마크가 손실되지 않도록 철저한 관리가 필요하다.

그리고 경계측량과 함께 1순위로 진행해야 할 사항이 지반조사이다. 지반조사는 건축물을 건축하기 전 대지의 상태가 지내력이 적당한지 또는 땅속의 상태가 문제 없는지를 살피는 작업이다. 만약 땅속에 큰 암반이 있으면 장비를 사용하여 부수고, 지반이 연약하면 지반 개량을 통해 연약지반을 보강할 수도 있다. 지반조사시에는 구조도면에 지반조사를 반영해야 한다. 그래야 지반상태를 반영한 제대로 된 구조도가 나올 수 있어 건물의 하중을 지탱할 수 있다.

2) 가설공사와 터파기

경계측량과 지반조사가 끝났으면 가설공사와 터파기를 해야 한다. 가설공사에서는 기준점과 규준틀이 설치되는데, 기준점의 경우 건물의 높이 및 위치측정의 기준이 되는 표식으로 최소 2개소 이상, 여러 곳에 설치되어 있는지를 확인해야 한다. 터파기는 간단히 말해 기초공사를 위해 포크레인으로 흙을 퍼내서 지하공간을 만들고 다시 다지는 등의 작업을 말한다.

가설공사와 터파기 역시 본격적인 공사를 하기 전에 이루어지는 사전작업으로, 주변 건물 등의 민원을 확인하여 사전에 주민들을 만나 민원이 발생하지 않도록 양해를 구하는 것이 필요하다.

3) 기초공사 및 지정

그리고 나서 본격적으로 기초공사에 들어간다. 기초공사는 기초 슬래브와 지정을 총칭하는 것으로, 상부구조에 대한 무게를 지지할 수 있도록 토지의 기반을 다지는 것이다. 여기서 지정은 기초 슬래브를 지지하기 위해 자갈, 호박돌, 말뚝을 박아 다진 부분으로 자갈이나 모래, 호박돌 등을 옆으로 세워 간다. 그리고 그 위에 버림 콘크리트를 타설하게 된다. 버림 콘크리트는 말 그대로 버려지는 콘크리트로 그 위에 철근을 세우고, 거푸집을 설치하기 위한 용도이다.

기초공사가 끝나면 철근이 배근되는데 배근이 끝나고 철근의 규격과 배근 간격의 수직·수평상태가 양호한지를 살피도록 한다. 이후 감리에게 배근검사 후 지적사항에 대한 처리결과를 알려달라고 요청하고 확인하는 것이 좋다.

4) 골조공사

철근이 배근되고 거푸집이 설치되고 콘크리트가 마지막에 타설되는 순서로 골조가 1층, 2층, 3층으로 올라가게 된다. 골조는 건물의 뼈

대이기 때문에 매우 중요하다. 철근의 개수를 빼돌려 부실공사로 이어지는 단계도 바로 이 부분이다. 그렇기 때문에 감리에게 철근이 배근될 때 그리고 콘크리트가 타설될 때 반드시 입회하에 진행해 달라고 요청해야 하며, '피복두께'(부재의 최외단에 배치된 철근 표면으로부터 콘크리트의 표면까지의 최단거리) '골조의 정도'에 이상이 없는지 등도 확인해 달라고 요청한다.

5) 외부 및 내부 창호공사와 습식공사

골조공사가 끝나면 외부 및 내부 창호공사와 습식공사가 이루어진다.

창호공사에서의 주된 점검사항으로는 창호 주위의 방수처리가 제대로 됐는지 확인하는 것이다. 특히 창호를 설치 후 단열재 및 실리콘 마감이 제대로 됐는지 살펴 누수 여부를 빈틈없이 점검해야 한다.

습식공사는 말 그대로 시공시 물이 들어가는 공사로, 시멘트벽돌의 조적, 화장실과 외부 등 물이 닿는 곳의 방수작업, 주방과 화장실의 타일작업, 미장작업이 이에 해당한다. 역시 점검사항으로는 방수처리가 제대로 됐는지의 누수 여부 확인이다. 만약 방수처리가 미흡해 비가 오는 날마다 방에서 물방울이 똑, 똑, 똑 떨어진다면 생각만 해도 끔찍하다.

그리고 방바닥 미장은 현장에서 일명 '방통'이라고 하는데, 방통 시공시 두께는 약 4~5cm를 유지하고 수평이 제대로 나오는지 확인해야 한다. 시멘트벽돌 조적작업은 골조공사 이후 오수·우수 배관이 따로 설치된 후 조적을 쌓고 미장으로 마무리하는 공정이다. 나중에 하자의 원인으로 많이 지목되는 공정 중 하나이므로 각별히 신경 써야 한다. 그 이유는 물이 흐르는 배관의 테이프공사를 안 하거나 조적을 쌓지 않고 마감을 해서 물이 내려갈 때 방음이 안 되는 경우가 많기 때문이다. 나중에 입주자들로부터 불편사항이 들어와 하자보수를 하려고 해도 정확히 어느 부분인지 알 수가 없어 난감할 수 있으며 어느 지점인지 파악되더라도 통째로 벽을 뜯어내야 한다. 그렇기 때문에 반드시 배관 테이핑, 조적 쌓기, 미장 마무리의 삼박자가 잘 이루어졌는지 확인해야 한다.

6) 내장 및 외장공사

그 다음 공정으로 내장공사가 있다. 내장공사는 천정 및 벽체 마감과 내부 도장 등 내부 마감공사로서, 벽체의 단열재 설치 및 단열재의 두께 등을 확인하고 단열재 연결 부위도 확인하도록 한다. 특히 내부 벽체 도배시 단열재와 석고보드의 적절한 조화를 통해 내부 단열이 잘되도록 시공하는 것이 중요하다.

내장공사와 달리 외장공사는 지붕이 있다면 지붕공사가 이루어지고, 지붕이 없는 슬라브 방식이라면 따로 지붕공사를 할 필요가 없다. 외부 벽체 마감은 마감 재료에 따라 일정을 확인하고 공정에 지장이 없도록 확인이 필요하다.

7) 인프라 인입공사

여기까지 공정이 이루어졌다면 이제 남은 공정은 인프라 인입공사와 마감공사, 인테리어 공사가 있다.

인프라 인입공사는 예상외로 신경 쓸 부분이 많은 공정이다. 가스배관, 상하수도 및 오수·우수 배관공사를 진행해야 하는데, 보통 이 부분에 대해 시공사와 계약 당시 제대로 언급하지 않아 나중에 분쟁의 소지가 생기기도 한다. 보통 가스배관의 경우 외부에서 건물 앞까지 설치되는 가스배관은 건축주가 맡고, 건물 내부 가스배관은 시공사에서 맡는다. 하지만 정확히 정해진 룰이 아니기 때문에 계약서 작성시 어떻게 명시하느냐에 따라 달라질 수 있으므로 사전에 협의를 통해 확실히 정해 놓아야 한다. 설치 후에는 건축주가 가스비 분담금을 도시가스회사에 별도로 납부해야 한다. 상하수도 및 오수·우수 배관공사는 땅을 파고 배관을 매립하고 다시 되메우기를 하는 작업으로, 비용은 건축주 부담이 일반적이다. 역시 수도사업소에 연락해 건축주가 비용을 부담해야 작업이 이루어진다.

인프라 인입공사시에는 땅을 팠다가 다시 되묻는 일이 많기 때문에 되메우기시 다짐이 제대로 되었는지 확인하고, 한국국토정보공사(지적공사)에 다시 측량을 의뢰하여 최종 측량을 하는 작업이 필요하다.

8) 마감공사 및 인테리어 공사

이제 마지막 작업으로 마감공사(바닥 및 도배공사)와 인테리어 공사가 있는데, 도배를 할 때는 도배 벽지가 울지 않도록 작업하는 것이 중요하다. 특히 기온이 낮은 겨울철에는 방안의 내부온도가 따뜻하게 되어 있지 않은 상태에서 무작정 작업을 하면 도배가 제대로 되지 않고 울거나 뜰 수가 있다. 미리 보일러를 가동해 내부온도를 확보하는 것도 좋은 방법이다. 또한 도배지의 색깔이 한 가지로 통일되었는지 확인하는 것도 중요하다. 가끔 도배지 색깔이 약간씩 다른 경우가 있기 때문이다.

그리고 인테리어 공사로 가구 등을 배치하면 모든 공정이 마무리된다.

9) 엘리베이터

여기서 한 가지 더 언급할 필요가 있는 부분이 엘리베이터이다. 요즘은 빌라나 다가구주택, 다중생활시설 등에 엘리베이터가 설치되지 않으면 분양이나 임대가 잘 이루어지지 않는다. 엘리베이터는 이제 필수 설치사항이다.

엘리베이터는 일반적으로 내장공사를 하면서 동시에 이루어지는데 반드시 준공에 맞추어 일정을 미리 확인해야 한다. 건물이 준공을 받기 위해서는 한국승강기안전관리원에서 발부하는 완성검사필증이 있어야 하기 때문에 필증을 받기 위한 시험일자를 미리 잡아 일정에 차질이 없도록 해야 한다. 한국승강기안전관리원에서는 하루에 3~4군데 정도의 일정만 소화하다 보니 그 일정에 맞추어 엘리베이터 시공이 안 되어 있으면 또 며칠씩 연기되며 준공일자가 미뤄질 수 있다.

이외에도 공정별로 체크할 사항은 많지만 이 정도만 알아도 제대로 된 건축물을 짓는데 충분히 관리감독할 수 있다. 그리고 보다 전문적인 부분은 감리에게 부탁해서 확인될 수 있도록 하면 된다. 감리가 하는 일이 해당 건설공사의 관리감독이므로 마땅히 감리로서 해야 할 일에 대해 어려워하지 말고 요청을 해야 한다.

#05

부실공사를 막는
건축주의 **노하우**

이탈리아의 유명한 '피사의 사탑'을 모두 알고 있을 것이다. 중심축
으로부터 5.5도 정도 기울어져 있다고 한다. 그럼 혹시 '아산의 사탑'
이라고 들어봤는가? 2014년 5월 12일 오전 완공을 앞둔 오피스텔 건
물이 기울어져 붕괴할 것 같다는 신고가 아산소방서로 접수되면서
당시 큰 이슈가 되었다. '피사의 사탑'처럼 기울어져 '아산의 사탑'이
라고 불렸는데, 실제 '피사의 사탑'보다 훨씬 더 기울어져 사고 접수
당시 위험천만한 상태였다. 다행히 입주가 이루어지지 않은 시점에
건물이 기울어지면서 인명피해는 없었지만, 철거작업 중 결국 무너
져 버렸다.

경찰에서 조사 결과 건물의 외견상으로는 큰 문제가 없지만 대지
가 건축하기 전 논과 수로로 사용하던 곳으로 밝혀지면서 시공 및 감
리업체가 제대로 된 지반조사와 지내력 시험 등을 했는지가 의심되

◀ 피사의 사탑 ▲ 아산의 사탑(한국판 피사의 사탑)

었다. 이와 더불어 부실시공 정황도 일부 파악됐는데 건물 지지용 기초파일이 일부 모자라게 시공됐다는 사실도 확인됐다. 시공업체에서 이윤을 더 남기기 위해 철근을 몇 가닥 빼돌리는 것을 뉴스에서 많이 접해봤을 것이다. 이러한 일은 지금도 실제로 자주 일어나고 있다.

　이처럼 건축물은 건축할 대지의 상태가 상당히 중요한데, 특히 구조물의 하중을 제대로 버틸 수 있는 힘이 대지에도 필요하다. 이러한 힘을 '지내력'이라고 하며, 한자 뜻 그대로 풀이하면 '땅 내부의 힘'을 의미한다. 지반의 허용 지내력은 이 정도의 힘은 땅속에 내재되어 있어야 구조에 문제없이 건축할 수 있다고 정해놓은 기준으로, 지반의 허용 지지력과 구조물에 해를 주지 않을 정도의 침하량을 고려하여 정해진다. 또한 경암반, 연암반, 자갈, 모래 등 흙의 종류에 따라 다르게 정해진다. 지내력은 지반조사를 하면서 지내력 시험을 통해 확인할 수 있다.

　최근 포항에 강진이 발생하면서 학교, 필로티 건물, 소규모 아파트 등 여러 건물들에서 여전히 부실공사가 만연하고 있다는 사실이 드러났다. 건축주도 시공사와 짜고 고의적으로 그렇게 했을 수도 있지만, 만약 그렇지 않고 시공사가 몰래 전적으로 이런 짓을 했다면 건축주의 입장에서는 정말 억울할 수밖에 없다.

부실공사를 막기 위해
건축주는 어떻게 해야 할까?

　　　　　　　　　　　　　　　　　　일반적으로 건축주들은 전문가가 아니기 때문에 표준시방서를 봐도 제대로 이해하기 힘들다. 그래서 시공, 전기, 소방 등 분야별로 감리사를 두어 제대로 공사가 진행되고 있는지 확인하는 것이다. 그런데 만약 감리사와 시공사가 서로 짜고 건축주를 속이려 한다면 방법이 있을까?

　이러한 상황을 막기 위해 2016년부터 소규모 건축에 대해 해당 지자체에서 직접 지정하는 감리사와 계약을 하도록 법이 개정되었다. 소규모 건물을 짓는 예비 건축주들에게 반가운 소식이 아닐 수 없다. 하지만 필자는 '세상에 믿을 사람은 나밖에 없다'고 생각한다. 특히 건축은 한두 푼 들어가는 사업도 아니고, 본인의 전부를 걸고 하는 사업이다. 실패하면 다시 일어서는데 상당한 기간이 필요하다. 그렇다면 보다 더 철두철미하게 준비해야 하지 않을까? 그래서 여기 이러한 불상사를 막기 위한 3가지 해결책을 준비했다.

1) 감리사와 직접 계약하라

해당 지자체를 통해 건축물의 공사 감리자가 정해지면 직접 만나서 계약을 체결하고 시공사와 계약체결시 공정률에 따른 기성금(공사대금) 청구는 '감리자의 확인서를 반드시 받아와야 한다'라는 특약사항을 추가한다. 이렇게 되면 시공사가 감리사의 확인을 받아야 돈을 지급받기 때문에 시공사의 장난을 일부 차단할 수 있다. 또는 시공사와 도급계약시 '공사 단계별로 공정이 끝나면 감리자의 확인 후 기성금 지급을 하겠다'라고 계약서 특약사항에 명시하는 것이다. 예를 들어 철거공사, 기초공사, 골조공사, 외장공사 등 공사 단계별로 공정이 끝나고 감리사의 확인을 받아오면 공정별로 기성금을 지급해 주는 방법이다.

대부분의 소규모 건축물은 상주감리가 아니고 비상주감리이기 때문에 감리가 항상 공사 현장에 붙어 있지는 않는다. 그래서 감리사에게 공정별로 나와 점검해 줄 것을 요청해야 하는데, 건축주가 따로 말을 하지 않으면 소규모 건설현장에는 감리사가 주기적으로 나와 확인하지 않기 때문에 건축주는 적극적인 자세로 요구해야 한다. 다만 이때 건축주와 감리사의 관계가 나빠지면 차후 준공이 까다로울 수 있으니 최대한 예의를 갖추어 진행하도록 하자.

2) 이중감리를 활용하라

해당 지자체에서 지정하는 건축물 공사감리 외에 외주감리사와 따로 계약하여 이중감리를 맡길 수도 있다. 이렇게 되면 한 명의 감리자가 더 생기기 때문에 보다 확실하게 부실공사를 차단할 수 있다. 따로 계약을 체결한 이중감리사에게는 부실공사를 막고 싶다는 사정을 이야기하고 보다 면밀한 공사 감리를 맡긴다면 흔쾌히 맡아서 진행해 줄 것이다. 물론 비용이 추가로 더 들지만 부실공사가 없는 제대로 된 건물을 짓고 싶다면 이 정도의 비용을 아까워 해서는 안 된다.

3) 현장에 CCTV를 설치하라

마지막으로 보다 투명한 공사 진행을 위해 현장에 CCTV를 다는 것을 추천한다. 공사 시작 전 시공사와 계약시 CCTV를 달아 공사가 진행되는 것을 확인하겠다는 것을 계약서에 명시하고 진행하면 된다. 공사 도중에 요구하면 시공사 입장에서 기분이 나쁠 수 있고, 허락을 안 할 수도 있으니 반드시 공사 전 계약서에 명시하고 진행해야 한다. 이렇게 되면 현장에 가지 않아도 공사하는 것을 일일이 체크할 수 있고, 현장이 놀고 있는지 일하고 있는지 확인도 가능하다.

이러한 세 가지 방법 외에 최후의 수단으로 공사 도중 비파괴검사를 통해 철근이 제대로 배근됐는지 확인하는 방법도 있다. 하지만 이 방법은 부실공사가 의심됐을 때 할 수 있는 마지막 방법이기 때문에 가급적 지양하는 것이 좋다. 필자의 경험상 위 세 가지 방법이면 충분히 부실공사를 막고, 양질의 건축물을 준공할 수 있다.

1995년 6월 서울 강남의 삼풍백화점이 붕괴되는 사고가 있었다. 부실공사 등의 원인으로 갑자기 붕괴되어 1천여 명의 종업원과 고객들이 사망하거나 부상당한 대형사고였다. 이 사고가 발생한 지 20년이 훌쩍 지났지만 아직도 개인의 사리사욕으로 건설현장에서 부실공사가 만연하고 있는 현실이 부끄럽다.

시공사도 시공사지만 건축주가 앞장서서 이러한 부실공사를 막아야 한다. 제대로 된 건물을 짓는다는 건 건축주로서 성공적인 사업을 영위할 수 있다는 것과 동시에 입주하는 사람들에 대한 최소한의 도리이다. 지금은 건축공법도 많이 발전해 지반조사부터 꼼꼼히 점검한다면 '아산의 사탑'처럼 건물이 기울어지는 일은 없을 것이다.

건축주는 설계사무소에 구조도면을 그릴 때 지반조사를 반영하라고 지시하여 지반상태를 정확히 측정하고 지반상태가 무르다면 지반보강공사를 반드시 따로 해야 한다. 특히 직전에 논이나 수로로 사용했던 대지는 피하거나 제대로 된 보강공사가 필요하다. 앞으로 '피사의 사탑' 이외에 기울어진 건축물을 보는 일은 없어야 하지 않을까!

#06

건축의 **안전벨트**, 계약이행증권

우리는 미래에 어떤 일이 벌어질지 아무도 모르기 때문에 작은 위험이라도 미리 대비하는 자세가 필요하다. 그래서 많은 사람들이 보험에 가입하는 것이다.

건축에도 보험이 있나요?

건축이라는 큰 규모의 사업을 추진하는 데 있어 보험과 같은 안전장치가 없다면 건축 도중 잘못되거나 사고 발생시 피해는 고스란히 건축주가 받아야 한다. 하지만 걱정할 필요가 없다. 건축에도 우리를 지켜줄 든든한 보험이 있다. 여기서는 건설현장에서 발생할 수 있는 산재의 경우를 제외하고, 실제 건축주의 입장에서 성공적인 사업 완수를 위해 필요한 방지대책에 대해 살펴볼 것이다.

　일반적으로 시공사와 계약을 체결하여 착공에 들어간 후 아무 문제없이 준공이 나면 문제될 것이 전혀 없다. 하지만 무슨 일이든지 일을 진행하다 보면 돌발변수가 발생할 수 있고, 서로의 입장 차이로 인해 분쟁이 있을 수도 있다. 특히 사고가 생겼을 때 그때 가서 일을 처리하려고 하면 이미 늦었다. 분쟁이 발생하면 이미 건축주와 시공사 사이에는 감정의 골이 깊어질 대로 깊어져 대화로는 풀 수 없는 경우가 많다. 결국 고소라는 최악의 시나리오만 남을 뿐이다. 그래서 분쟁이 발생했을 때 건축주의 입장에서 보험이 되어줄 세 가지의 안전장치를 준비해야 한다.

1) 계약보증서

'계약이행증권'이라고도 하는데, 계약당사자인 건축주에게 시공사가 계약보증금 전체를 보증하는 증권이다. 만약 공사 도중 시공사의 계약 불이행 또는 시공사의 부도 등이 발생하면 시공사에게 받은 보증서로 건축주는 보증금액을 돌려 받을 수 있다. 따라서 건축주는 미리 시공사를 통해 건설공제조합으로부터 계약보증서를 받아놓아야 한다.

2) 선급금 보증보험증권

선급금 보증보험증권은 선급금 반환사유가 발생하면 건축주가 시공사로부터 선급금을 돌려받아야 하지만 시공사가 이를 반환하지 않는

선급금보증보험증권 샘플

대한민국정부 인지세 200원
종로세무서장
인쇄승인 제2003-1호

2016

SEOUL GUARANTEE INSURANCE COMPANY

이행(선급금)보증보험증권
(인터넷 발급용)

"A (Stable)"
TANDARD
OOR'S
"AA (Stable)"
Ratings

증권번호 제 100-000-2016 호			
보 험 계 약 자		피 보 험 자	
보험가입금액	金 壹億貳阡萬 원整 ₩120,000,000-	보 험 료	₩556,840-
보 험 기 간	2016년 01월 21일부터 2016년 04월 09일까지(80 일간)		
보 증 내 용	납품계약에 따른 선급금 지급보증		
특 별 약 관	◆해당사항 없음		
특 기 사 항	2016년 1월 21일 지급된 최초선급급만을 담보함		

[주계약내용]
주계약명   물품공급계약
계약기간   2016년 01월 18일부터 2016년 04월 09일까지
계약체결일자
계약금액   ₩480,000,000-
선급금금액   ₩120,000,000-
지급예정일자

우리 회사는 이행(선급금)보증보험 보통약관, 특별약관 및 이 증권에 기재된 내용에 따라 이행(선급금)보증보험 계약을 체결하였음이 확실하므로 그 증으로 이 증권을 발행합니다.

※ 증권발급 사실 확인 안내   2016년 01월 28일

증권발급부서 :
부 서 장 :
담 당 자 :
전 화 번 호 :
주   소 :
보험대리점명 :

서울보증보험주식회사
서울 종로구 김상옥로 29(연지동,보증보험빌딩)
대표이사
사 장   최 종구

● 증권발급사실,   일 보험금 청구시 보상진행사항은
● 증권의 내용이 주계약의 내용과 일치하는 지의 여부를 반드시 확인하시기 바라며, 내용이 일치되지 아니한 증권은 무효가 될 수도 있습니다.
● 증권의 보험가입금액 및 보험기간이 정정된 것은 무효이며, 기타 내용이 정정된 경우에는 증권발급부서에 사실여부를 반드시 확인하시기 바랍니다.

경우 이를 보증하는 보증서로, 선급금을 지급받는 증권이다. 선급금 반환사유는 일반적으로 시공사가 선급금을 공사 용도 이외의 다른 목적으로 사용하거나 계약이 해지되거나 해제되는 경우가 이에 해당한다. 예를 들어 시공사가 선급금을 다른 현장의 부도를 막기 위해 썼다거나 시공사 대표의 개인용도로 사용한 경우 등이다. 따라서 건축주는 반드시 사전에 선급금 보증보험증권을 시공사로부터 받아놓은 후에 선급금을 지급해야 돈이 떼이는 것을 예방할 수 있다.

3) 하자보증보험증권

하자보증보험증권은 준공된 후 하자가 발생했을 경우 보수를 책임질 것을 명시한 이행증권으로, 시공사는 하자책임기간 동안 하자보수를 책임지고 처리해야 한다. 만약 하자보수이행청구를 했음에도 불구하고 시공사가 이를 이행하지 않으면 증권사는 건축주의 손해를 보상해야 한다. 준공 후 여러 변수가 있을 수 있기 때문에 건축주는 건물이 준공된 후 공사 잔금을 치르기 전에 반드시 하자보증보험증권을 받아두어야 한다.

가장 중요한 안전장치는
문서화된 서류이다

이러한 확실한 안전장치인 보험증권 외에도 시공사와의 분쟁을 막아줄 다른 도구들이 있다. '세상에 믿을 사람 아무도 없다'는 말이 괜히 나온 게 아니다. 시공사와

하자보증보험증권 샘플

처음 계약을 할 때는 서로 웃으면서 또는 잘해보자며 '으샤 으샤' 하면서 계약을 하지만, 뒤돌아서면 언제 건축주의 뒤통수를 칠지 모른다. 그렇기 때문에 시공사와의 모든 협의와 지시는 항상 문서를 통해야 한다.

시공사가 전화 통화나 구두상으로 건축주에게 승인을 받고 공사 후 나중에 추가 공사비를 요청하는 경우가 있다. 건축주의 입장에서는 건축에 대해 초보인데 전문가를 당해낼 재간이 없어 그때는 승인했지만, 나중에 돌아서면 뭐가 뭔지 모르기 때문에 당황스러울 수 있다. 또한 시공사가 시공사 편의로 독립기초를 내림기초로 변경하여 공사를 진행하고 나중에 '이건 구조상 이렇게 하는 게 맞다'고 하면서 자재 및 공사 인력이 추가투입되었다며 공사비를 추가로 요청할 수도 있다. 그래서 건축주는 시공사와의 모든 협의내용에 대해 반드시 문서로 남겨놓아야 한다.

그리고 가급적 설계 변경은 하지 말아야 한다. 설계 단계부터 꼼꼼히 검토하여 시공시에는 변경하지 않는 것이 좋다. 예를 들어 공사 진행시 건축주의 요청으로 마감자재를 변경한 경우 시공사가 일부러 공사 일정이 바쁘다며 변경된 공사금액을 확인하지 않다가 진행한 후에 준공하기 바로 직전 건축주의 사유로 변경되었다며 과도한 변경 금액을 요구하며 공사를 중단하는 사례도 있다. 따라서 가급적 모든 것을 문서로 남겨놓아야 분쟁을 최소화할 수 있다.

Part 5

건축주 되기
프로젝트
(3) 자금 조달

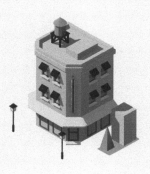

#01

부동산
P2P 금융

요즘 크라우드펀딩이란 단어를 쉽게 접할 수 있다. 다수의 사람들이 모여 자금이 필요한 개인이나 단체에 자금을 조달해 주는 것을 뜻하는 크라우드펀딩은, 자금이 부족한 예술가 또는 사회활동가 등의 프로젝트나 사회 공익프로젝트를 인터넷 플랫폼에 공개하고 익명의 다수에게 투자를 받는 방식이다. 일명 '소셜펀딩'이라고 불리기도 하는데, 그중에서도 소액펀딩으로 높은 수익을 볼 수 있는 부동산 크라우드펀딩이 개인투자자들에게 관심이 높다.

부동산 투자는 적게는 몇 천만원에서 많게는 몇 억원의 목돈이 들어가야 하지만 크라우드펀딩 방식으로 투자하면 적게는 몇 십만원에서 몇 백만원만 있어도 간접투자가 가능하기 때문에 소액을 가진 투자자들에게 인기가 좋다.

부동산 크라우드펀딩
= 부동산 P2P 금융

그럼 부동산 P2P 금융이란 무엇인가? P2P(peer to peer)란 사람과 사람의 약자로, 개인 간의 금융 거래를 뜻한다. 크라우드펀딩처럼 여러 사람들이 자금을 모아 후원이나 투자를 한다는 것은 비슷하지만, P2P 투자는 금융사업을 목적으로 하는 플랫폼 중개회사가 투자상품을 선별하여 온라인을 통해 공개하고, 다수의 개인투자자들에게 투자금액을 모아 대출희망자에게 대출을 해주는 방식이다. 어찌 보면 크라우드펀딩 시스템과 흡사하지만 좀 더 상업적이며, 재테크를 위한 온라인 금융서비스라는 점에서 차별된다.

또한 P2P 금융은 개인과 개인이 비대면(서로 마주보고 확인하지 않아도 되는 서비스)으로 금융기관을 거치지 않고 온라인 플랫폼상에서 돈을 빌려주고 빌리는 것으로, 크라우드펀딩 방식의 온라인 P2P 금융서비스를 제공한다. 쉽게 말해 P2P 금융회사는 온라인 은행이라고 보면 된다.

1) P2P는 온라인 은행

예를 들어보자. A라는 사람이 부동산을 소유하고 있는데 시중은행의 까다롭고 높은 대출심사 기준을 충족하지 못해 P2P 금융회사의 온라인 플랫폼을 통해 대출을 신청한다. 온라인상으로 대출 신청을 받은 P2P 금융회사는 대출을 신청한 대출자(차주)의 신용등급과 해당 담보 부동산의 안전성·환금성·수익성을 평가하여 선별된 상품을 플랫폼에 등재하고 그 상품에 투자의사가 있는 다수의 개인들로부터 투자(펀딩)를 받게 되는 것이다.

이렇듯 부동산 P2P 투자는 온라인상에서 간편하게 투자가 이루어지며, 수익률도 높고 단기투자상품(12개월 이하)이라는 점에서 소액투자자들에게 매력적이다.

2) 부실에 대비하라

하지만 무턱대고 수익성만 쫓아 투자를 진행하다가는 큰 손실을 볼 수 있다. 왜냐하면 최근 P2P 금융회사의 부실이 높아지고 있기 때문이다. 또한 P2P 투자는 원금보장상품이 아닌 손실가능성이 있는 상품이라는 것을 명심해야 한다. P2P 투자는 주식보다 비교적 안전하고 저축이나 펀드보다 수익률이 높다는 이점이 있다. 그러나 원금보장이 되지 않기 때문에 사전에 해당 P2P 업체의 투명성과 연체율·부실률을 확인하고, 투자자들의 투자금이 제대로 상환되고 있는지 확인해야 한다.

또한 해당 업체에 부동산 담보물을 심사하는 심사팀이 따로 있는지도 확인해야 한다. 네이버나 다음 등 포털 사이트의 P2P 투자 관련 커뮤니티 카페를 통해 실제 투자를 진행하고 있는 투자자들의 후기를 참고하는 것도 하나의 방법이다.

3) 부동산담보 P2P에 주목하라

우리나라의 P2P 업체는 2014년 하반기부터 시작해 2015년부터 본격적으로 성장하여 신규업체들이 기하급수적으로 생겨났지만, 수익성 악화, 투자금 연체, 부실로 인해 폐업하는 업체들이 많아졌다. 2018년 기준으로 한국P2P금융협회 회원사는 67개이며, 비회원사까지 포함하면 100여 개 업체에 달한다. 따라서 대출을 희망하는 사람들은 자신의 자금조달 이유와 상황에 맞는 P2P 회사를 찾아 대출의뢰를 진행하여 자금을 조달하면 된다.

P2P 금융회사가 취급하는 투자상품은 업체마다 다양하다. 부동산담보, 개인신용, 법인신용, 자영업자 대출 등 각 회사마다 주력하는 상품이 있다. 이 중 가장 안전한 상품을 꼽으라면 필자는 단연 부동산담보상품이라고 말하고 싶다.

부동산을 전문으로 하는 P2P 업체들은 부동산담보(아파트, 빌라)가 있는 대출상품으로 구성하기 때문에 다른 상품에 비해 비교적 안전하다. 즉, 부동산이라는 담보가 있기 때문에 개인 채권이나 자영업자 대출을 다루는 P2P 업체보다 부실이 적고 안전하다는 것이 가장 큰 매력이다. 그럼 이해를 돕기 위해 부동산담보상품 중 아파트 후순위 채권을 전문으로 하는 T사의 예를 들어보자.

대출 신청자는 중금리,
투자자는 고금리

K씨는 자영업을 하고 있다. 매장 매출은 잘 나오는 편이지만 매장 리모델링 및 확장공사를 위해 자신의 아파트를 담보로 시중은행에서 대출을 알아보던 중 좌절하고 말았다. 시중은행의 아파트 후순위대출이 워낙 깐깐하고 진입장벽이

높아 대출이 쉽지 않았기 때문이다. 그렇다고 제2, 제3금융으로 가자니 연 18% 이상의 이자가 부담되어 엄두를 못내고 있는 상황이었다. 여기저기 수소문 끝에 K씨는 부동산 P2P 업체인 T사를 알게 되었다. P2P 대출이 다소 생소한 시스템이었지만 밑져야 본전이라는 생각으로 온라인 플랫폼을 통해 대출 신청을 해보았다.

K씨가 대출 신청을 한 지 하루 만에 해당 업체의 담당자에게서 연락이 왔다. K씨는 신용등급도 우량하고 대출금을 갚을 수 있는 상환재원(아파트후순위담보)도 명확하다는 심사통보와 함께 대출이 가능하다는 희소식을 전달받았다. 그렇게 K씨의 대출 신청금 3,000만원은 펀딩 시작과 동시에 1시간도 안 되어 모집되었다. 총투자자는 21명이었다. 다수의 사람들이 모여 K씨에게 대출을 진행해 준 것이다. 투자금이 모집되고 간단한 서류 확인절차와 대출약정을 통해 대출신청 1주일 만에 연 11%대의 '중금리'로 대출을 받을 수 있었다(P2P 업체의 수익구조는 플랫폼 이용료를 받는 것이다. 대출자에게는 대출금에 대한 플랫폼 이용료 3~5%를 받으며, 개인투자자들에게는 투자기간에 대해 월별로 0.1%의 플랫폼 이용료를 받는다).

사실 K씨가 담보로 제공한 아파트에는 시중은행의 선순위대출(1순위 근저당설정)이 있었지만, 시중은행에서 잘 취급하지 않는 후순위 채권을 P2P 업체에서는 '중금리'로 대출을 해주었기 때문에 P2P 대출은 더욱 매력적이었다. K씨가 보유한 아파트의 평균시세는 3억 3,000만원이고, 시중은행 1순위 근저당설정금액은 LTV(주택담보대출비율) 70%(2억 3,100만원)의 대출이 있었다. 따라서 시중은행에서 아파트를 담보로 빌린 돈은 채권최고액(금융기관에서 장래에 발생하는 채

171

권을 확보하기 위해 실제 채권액보다 20~30% 높게 설정함)이 포함되어 2억 7,720만원(120%) 가량의 금액이 1순위로 설정되어 있는 상태였으며, P2P 회사에서는 2순위 근저당을 설정한 후 대출을 해준 것이다. 참고로 P2P 회사는 대출시 담보비율을 채권최고액 기준이 아닌 원금기준으로 채권액을 산정한다. 또한 P2P 회사는 다수의 투자자로부터 모집된 투자금액에 대한 대출을 실행하기 앞서 P2P 회사의 자회사(여신업무를 진행하기 위해 설립한 회사)가 근저당설정행위와 동시에 대출계약을 체결한 후 대출을 진행해 준다.

이렇게 대출 신청자는 중금리로 자금을 융통할 수 있어 좋고, 투자자들은 은행이자에 비해 몇 배 높은 수익률을 볼 수 있다는 것이 P2P 투자의 가장 큰 장점이다. 다수의 투자자들은 투자금에 비례하여 원리금을 수취할 수 있는 '원리금수취권'을 자회사인 여신회사로부터 교부받으며, P2P 금융의 자회사인 여신회사는 대출자에게 매달 지급받은 이자를 투자금액에 비례하여 투자자들에게 지급한다. 대부분 P2P 금융회사는 원금만기일시상환조건으로 매월 이자를 지급하다가 만기시 투자자들에게 원금을 돌려준다.

물론 대출자가 돈을 갚지 않은 상황이 발생하면 부실채권으로 분리된다. 이런 경우 P2P 회사는 경매, 공매, 대환대출, 분양 등 환가작업을 통해 투자자들의 원금에 비례하여 투자자들에게 배분하게 되며, 원금 손실가능성이 발생한다. 따라서 실직적인 권리행사는 투자자가 아니라 P2P 회사의 자회사인 여신업체가 채권자로서의 권리와 의무를 행사하며, 투자자는 직접투자가 아닌 간접투자방식으로 투자를 진행하는 것이다.

반대로 투자자 입장이 아닌 대출자 입장이라면 P2P 회사가 취급하는 상품을 미리 파악하고 대출방식과 대출승인 사례를 사전에 꼼꼼히 체크하여 대출 신청을 하는 것이 중요하다. 부동산상품을 전문으로 다루지 않는 P2P 금융회사에 대출 신청을 한다면 승인거절을 당할 게 뻔하다. 따라서 신청에 앞서 해당 P2P 회사에 연락해 대출 승인시 필요한 서류를 미리 문의하여 요건을 충족한 후 대출 신청을 진행하는 것이 필요하다.

#02

P2P 금융의
구조 이해하기

소형주택 건축사업을 전문으로 하는 P씨는 경기도 일대에서 빌라 건축업을 전문으로 하고 있다. 얼마 전 그는 파주에서 다세대주택 개발사업을 진행하던 도중 공사자금 부족으로 난항을 겪게 되었다. 그는 시중은행에서 건축자금 대출을 받기 위해 대출상담을 받았지만 모두 거절당했다.

시중은행 건축자금 대출담당자들은 사업성을 보고 대출을 해준다고 했지만 그것은 말뿐이었다. 시중은행에서는 건축주의 사업실적, 시공사의 도급순위, 건축주의 충분한 자본금 확보 등 까다로운 기준을 정해놓고 그에 부합하는지 탁상심사(사전에 정해놓은 기준에 부합하는지)를 했기 때문이다. 대출의 기준이 높다 보니 개인 건축주들은 심사조차도 제대로 받아보지 못하고 거절당하는 경우가 빈번했다.

그러다 보니 P씨는 사업자금이 부족할 때면 울며 겨자 먹기로 소비자금융시장(사채시장)에서 월 3, 4부(연 36%, 48% 이상)에 이르는 이자를 주고 사채자금을 빌려 공사를 마무리하거나 외상공사를 하는 경우가 빈번했다. 결국 사채를 쓴 경우 과다한 금융비용으로 사업이익이 줄어들어 수익을 챙기지 못하거나 본전공사를 하기 일쑤였다. 그뿐인가 외상공사를 하는 경우 시공사의 갑질로 인해 공사비가 상승하거나 사업지가 압류되어 소송까지 가야 하는 경우도 있었다.

P씨와 같이 대부분의 건축주들은 자금조달로 어려움을 겪고 있으며, 가장 큰 고민이자 걱정은 자금경색으로 인한 공사지연 및 법적분쟁이다. 최악의 경우 사업이 악화되어 부도까지 가기도 한다.

그렇게 매 공사마다 자금 문제 때문에 골머리를 앓았던 P씨는 필자의 도움으로 P2P 금융회사를 통한 자금조달방법을 알게 되었고, 필자가 소개한 건축자금 대출을 전문으로 하는 두 업체에 대출 의뢰를 했다. 며칠 뒤 두 업체에서 대출이 가능하다는 통보를 받았으며, 대출 신청 후 2주 만에 자금을 융통할 수 있었다.

P씨는 P2P 금융으로 현찰공사가 가능해지면서 자재비 단가를 낮출 수 있게 되었고, 자금 순환이 좋아지니 사업은 날로 승승장구했다. 이후 P씨의 건축회사는 일 잘하는 건축회사라는 소문이 돌면서 일감도 많아지고 하청업체들에게 신뢰도 쌓여 지역 내에서 인정받고 내실 있는 건축회사가 되었다. 결국 P씨의 사업을 번창하게 만들어준 가장 큰 원동력은 바로 P2P 금융인 셈이다.

외상공사
건축주에게 도급공사를 발주받은 시공사의 책임과 비용으로 건축물을 완공시키고 대물로 변제하거나 준공 후 대출로 변제하는 방식을 말한다.

P2P 금융회사의
대출구조를 알아보자

부동산 P2P 금융은 자금이 필요한 개인 건축주나 건축회사가 부동산을 담보로 P2P 금융회사의 플랫폼을 통해 대출 신청을 하면, 대출 신청자의 신용도와 부동산담보를 심사·평가하여 플랫폼에 등재하고 이를 통해 불특정다수의 개인투자자들에게 자금을 투자받는 방식이다.

예를 들어보자. A라는 건축주는 10억원이라는 건축자금이 필요해 P2P 업체에 대출 신청을 한다. 대출 타당성이 있다고 판단된 해당 P2P 업체는 온라인 플랫폼에 투자물건을 등재한다. 등재된 물건에는 위치, 담보가치, 상환재원, 투자기간, 대출자 정보, 투자수익률, 투자기간이 명시된다. 그리고 이 투자물건을 플랫폼을 통해 확인한 개인투자자들은 연 10% 이상의 수익률을 목표로 투자를 진행하게 된다. 그렇게 투자금액이 모두 모이면 P2P 업체의 자회사(연계회사)인 신탁회사가 담보 설정과 동시에 대출자(차입자)에게 투자금을 대출해 준다.

이때 투자금은 대출자에게 지급되는 것이 아니라 신탁회사로 들어가며, 신탁회사는 P2P 업체에 토지담보신탁 1순위 또는 2순위를 설정해 주고 자금관리를 대리로 진행하게 된다. 따라서 건축을 하는 시공사가 P2P 업체에 공사비 지급을 요청하게 되면 P2P 업체는 신탁회사에 공사비 지급을 통보하고, 신탁사는 공정률에 맞게 시공사의 하도급업체에 공사비를 지급하는 방식이다. 이때 P2P 업체는 신탁회사를 통해 개인투자자들에게 이자 지급도 함께 요청하게 되고 신

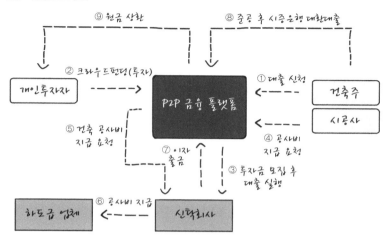

탁회사는 투자자들에게 투자금에 비례하여 이자수익금을 분배하여 배당한다.

그렇게 공사비를 지급받아 안전하게 준공을 마친 건축주는 준공과 동시에 시중은행에서 해당 건축물을 담보로 대환대출을 신청한다. 시중은행에서는 해당 물건의 감정평가액을 산정해 시세 대비 60~70% 가량의 담보대출을 실행한다. 그리고 건축주는 시중은행으로부터 받은 대출금을 P2P 업체에 상환하여 좀 더 낮은 금리로 갈아타는 동시에 P2P 업체는 상환받은 투자금을 개인투자자들에게 돌려주는 구조이다. 물론 대출구조가 업체마다 조금씩 다를 수도 있지만 큰 차이는 없다.

P2P 금융회사의
대출기준 가이드라인

P2P 업체는 자체적으로 대출에 대한 가이드라인을 가지고 있다. 가이드라인은 대출의 기준을 말하며, 이 또한 업체마다 조금씩 다를 수 있다는 점을 기억하자.

첫째, 대출금의 규모이다. 평균적으로 3억원 이상 100억원 미만의 프로젝트에 대출을 실행하게 된다. 물론 대출금은 공사비 전체를 한 번에 지급하는 것이 아니라 캐피탈 콜로 진행하기 때문에 대출자(차입자)들의 부담이 적다. 예를 들어 연 12%로 공사자금을 대출받았다면 명목상 금리는 12%지만, 사업의 공정률에 따라 순차적으로 대출금을 나눠서 지급하기 때문에 실질금리는 8~10% 정도로 보면 된다.

둘째, 대출금 모집 후 대출 실행시 P2P 업체는 플랫폼 이용수수료를 받는다. 플랫폼 수수료는 업체마다 차이는 있지만 보편적으로 총 대출금에 대해 3~5% 내외로 지급받는다.

셋째, 대출자(차입자)의 상환재원이다. P2P 업체는 해당 사업지의 건축물이 준공 후 통대출로 상환이 가능한지 최우선적으로 보게 된다(준공 후 감정가액의 60~70% 대출이 가능한지 사전에 파악). 따라서 해당 P2P 업체는 대출 전에 대출물건을 감정평가회사에 탁상감정을 의뢰하기도 한다.

넷째, 건축주가 대출 신청을 하려면 우선 토지소유권을 확보한 상태여야 하며, 건축허가를 받아 놓은 상태여야만 기본심사가 가능하다. 단지 땅만 가지고 있다고

> **캐피탈 콜(Capital Call)**
> 목표한 투자자금을 모두 집행하는 것이 아니라 투자자금의 일부를 조성하여 공정률에 맞게 순차적으로 지급하는 방식이다.

해서 대출심사를 받을 수 없다.

다섯째, 투자자들의 투자금 보호 방안이다. 신탁회사를 활용하는 P2P 업체는 담보신탁을 진행하고, 신탁회사를 이용하지 않는 업체는 해당 사업지에 근저당 설정을 하게 된다.

여섯째, 차입자의 신용등급이다. 대출을 받으려는 대출자의 신용등급은 6등급 안에 들어야만 심사가 가능하다.

일곱째, 대출자(차입자)의 자기자본비율이다. 건축주는 총사업비(토지매입비＋공사비)에서 20％ 이상의 자기자본을 보유하고 있어야 한다. 쉽게 말해 토지계약금과 설계비를 포함해 총사업비의 20％ 이상 보유해야 한다. 통상적으로 P2P 업체는 건축주의 자기자본을 증명하기 위해 토지매매계약서, 취득세 납부영수증, 설계비 영수증, 통장내역 등을 요구한다. 당연한 말이지만 자기자본이 충족되지 않은 경우 대출은 불가능하다. 물론 자기자본을 충분히 보유한 상태라면 어려움 없이 대출을 받아 여유롭게 공사를 진행할 수 있을 것이다.

부채에는 분명 나쁜 부채와 좋은 부채가 있다. 나쁜 부채는 당신이 36개월 할부로 저질러 버린 자동차 구입비용이다. 결국 그 재화는 엄청난 감가상각과 불합리한 이자로 당신의 재산을 갉아먹는 기계가 될 것이다. 그러나 좋은 부채는 당신의 사업을 위한 레버리지가 되며, 당신의 충실한 일꾼이 되고 당신의 통장에 매월 이자를 넣어줄 것이다. 이제 당신도 P2P 금융을 통해 새로운 레버리지 패러다임을 경험해 보기 바란다.

03

P2P 금융에
꽂힌 **건축주들**

부동산담보채권을 전문으로 취급하는 P2P 금융회사 중에는 다세대주택, 소형상가 등 소형주택 개발 프로젝트 상품을 전문으로 구성하는 회사들이 가장 많다. 현재도 여러 업체가 활발하게 운영 중이며, 개인투자자들에게도 그 안전성과 수익성을 인정받고 있다. 소형주택 개발 프로젝트 사업은 시중은행(1, 2금융)에서 선호하지 않는 대출 상품이었기 때문에 앞으로 P2P 금융시장의 규모는 더욱 확대될 것으로 보인다.

대부분의 중소형 건축주들은 자기자본이 넉넉하지 않은 상태에서 건축을 시작한다(P2P 금융을 통해 대출을 받는 건축주들은 자기자본비율 20~30%를 가지고 사업을 시작한다). 그러다 보니 금융회사를 통해 건축자금을 조달해야 하는데 시중은행의 까다로운 대출요건을 충족하기가 힘들고, 대출을 승인받기까지 1개월 이상을 기다려야 한다. 그리고 대출 승인을 받더라도 고액의 수수료를 지급해야 한다. 또한 시중은행은 100억원 미만의 프로젝트나 수익성이 낮은 사업에는 관심이 별로 없다.

그렇다 보니 P2P 금융이 활성화되기 전에는 중소형 건축주들이 자금을 조달하기 위해 연 36% 이상의 고금리를 부담하며 소비자금융시장(사채시장)을 이용해야 했다. 이로 인해 건축주들은 건축을 통한 생산자마진을 남기기도 전에 금융비용에 치어 사업의 수익성이 제로가 되거나 부도가 나는 경우가 빈번했다.

하지만 P2P 금융회사가 생겨나면서 합리적인 중금리 PF 대출을 선보이게 되었고, 중금리(11~18%)로 대출을 받은 건축주들은 부담없이 건축을 하고 높은 수익까지 영위할 수 있게 되었다.

P2P 금융의 장점은 무엇인가요?

첫째, 자기자본비율(토지매입비＋공사비)이 20% 정도만 있어도 대출요건을 충족한다면 대출이 가능하다. P2P 금융회사는 공사 시작부터 준공까지 들어가는 모든 사업비용을 사업주에게 수혈해 주며, 사업 완료 후 대출자(사업주)는 시중은행에서 대환대출을 받아 P2P 금융회사에 상환하게 된다.

둘째, 빠른 대출 실행이다. 시중은행에

> **프로젝트 파이낸싱
> (Project Financing)**
> 개발 프로젝트의 장래 수익성과 사업 관련 이해당사자들의 신용만을 보고 자금을 지원하는 금융기법을 말한다.

서의 건축자금 대출은 까다로울 뿐만 아니라 대출 승인까지 상당한 시간이 걸린다. 하지만 소형주택을 건축하는 건축주들은 자금 수혈이 하루라도 빨리 이루어지지 않으면 공사 지연에 따른 여러 가지 손해를 보게 된다. 따라서 신속한 대출이 가능한 P2P 대출은 건축주들에게 매우 매력적이다. 평균적으로 대출 실행시 1주일 정도면 대출 가능 여부를 통보받을 수 있다.

셋째, 신탁방식구조이다. 중소형 건축자금 대출을 전문으로 하는 P2P 금융회사들은 투자자들의 투자금을 보호하기 위해 신탁회사에 자금을 신탁하고(자금관리대리사무 및 담보신탁계약체결), 신탁회사는 공사비용을 공정률에 따라 하도급업체에 지급하게 된다. 하도급업체에 직불로 공사비를 지급하는 이유는 건축주나 시공사에게 공사비를 지급하는 경우 자금을 직접공사비에 사용하지 않고 타 용도로 사용하거나 자금횡령 또는 자금의 사용출처가 불명확해지기 때문이다.

넷째, 중도상환에 따른 부대비용이 들어가지 않는다. 시중은행과 달리 대출금을 중도에 상환하는 경우 중도상환수수료가 발생하지 않는다는 장점이 있다. 그러나 대출 실행시 플랫폼 이용료(대출금의 3~5%)가 있다는 점은 알고 있어야 한다.

P2P 금융의 핵심은
대출금리!

건축자금 대출의 업체별 연평균 이자는 12~18% 수준이다. 보통 사업지에 1순위 담보를 취득하는

P2P 금융회사는 12% 수준의 이자를 책정한다. 그러나 사업지에 2순위 혹은 후순위 담보를 설정하는 경우는 18%의 이자를 받는다. 이때 선순위건 후순위건 간에 상환재원은 모두 동일하며, 건축주(차입자)는 준공 후 시중은행의 대환대출이나 분양대금으로 상환하는 구조이다.

이렇듯 중소형 건축물을 건축하려는 건축주라면 선순위설정을 기준으로 하건 후순위설정을 기준으로 하건 간에 가장 중요한 것은 대출금리이다. 자신에게 유리한 금리로 대출을 받아 금융비용을 줄여 높은 생산자 프리미엄을 얻는 것이 건축주의 목표이다. 따라서 P2P 업체를 선정하기에 앞서 기본적으로 3~4군데 업체에서 대출 상담을 받아보는 걸 권장한다. 일반적으로 P2P 금융회사마다 건축자금 대출 기준도 각기 다른데, 케이스별로 살펴보자.

A라는 건축주는 K라는 P2P 금융회사에서 대출을 받았다. 해당 P2P 금융회사의 대출조건은 건축주의 사업지인 토지에 설정되어 있는 모든 권리(근저당)를 말소하고, 해당 P2P 업체가 1순위로 권리를 설정하는 조건이다. 즉, 해당 P2P 금융회사는 업무협약이 되어 있는 신탁회사에 담보신탁 및 자금관리대리사무를 위탁하고, P2P 금융회사는 신탁회사로부터 해당 사업지에 1순위 우선수익권을 취득한다. 이런 방식으로 A라는 건축주는 해당 신탁회사에 모든 권리를 신탁하고, 신탁회사는 수탁받은 건축주의 사업지가 부실이 생기지 않도록 관리해 준다. 즉, 신탁회사는 시공사 및 P2P 금융회사의 건축비 요청에 따라 시공사의 하도급업체에 대출금을 지급하는 구조이다. 이 방법은 건축주와 P2P 금융회사 모두 상생하는 구조이며, 가장 합리적인 케이스라고 보면 된다.

다른 예로 B 건축주는 토지 매입비 20%를 준비한 상태에서 후순위 건축자금채권을 전문으로 하는 F라는 P2P 금융회사에서 토지 매입잔금(80%)과 건축비 100% 모두 대출받았다. P2P 금융회사는 업무협약이 되어 있는 신탁회사와 담보신탁계약을 체결하고 2순위 우선수익권자로서 권리를 확보했다. 이후 P2P 금융회사는 사업주가 준공시까지 자금으로 인한 문제가 생기지 않도록 신탁회사에 자금관리대리사무를 신청했고, 신탁회사는 시공사 및 P2P 금융회사의 요청에 따라 해당 하도급업체에 공사비를 지급한다.

위 두 가지 케이스 모두 준공(완공)까지 자금 수혈이 이루어진다면 P2P 금융회사의 투자금 회수에는 큰 문제가 발생하지 않을 것이다. 왜냐하면 두 사례 모두 건축물 준공 후 시중은행의 대환대출을 이용해 대출금을 상환받는 구조이기 때문이다.

참고로 필자가 잘 알고 지내는 P라는 건축주는 인천시 남구 주안동에서 오피스텔 1개동 60세대 신축사업을 하며, 건축자금이 부족해 후순위 대출을 전문으로 하는 P2P 금융회사에서 자금을 조달받았다. 해당 사업지에는 선순위로 40억원이 설정된 상태였으며, 후순위로 공사비 40억원을 대출받아 사업을 진행했다. 준공 후 추정 감정가는 137억원으로 담보가치 평가액도 높았다. 그보다도 대출이 가능했던 가장 큰 이유는 사업수지분석상 타당성이 있었고, 준공 후 대환대출이 명확했기 때문이다. 건축주는 당시 주거래은행이었던 ○○은행을 통해 LOI(Letter Of Intent 해당 물건에 대해 투자의사를 표하는 문서이다. 단, 구속력은 없다)를 받아 두었다. 즉, 건축물이 준공이 나면 ○○은행은 해당 건축물을 담보로 대출을 해주겠다는 의향서로, 이는 P2P 금융회사에서 아주 좋아하고 신뢰하는 문서이다. 따라서 가능하다면 주거래은행을 통해 LOI를 받아 P2P 금융회사에 제출하면 대출은 더욱 수월해진다.

P2P 금융회사의 투자자 보호장치를 인정하라

또한 P2P 금융회사는 대출 실행 전 투자자들의 투자금을 보호하기 위해 안전장치를 설정한다. 먼저 P2P 금융회사가 신탁회사를 이용하는 이유는 건축사업의 경우 제3자의 권리침해(압류, 가압류, 유치권) 요소가 많기 때문인데, 신탁회사를 이용하게 되면 이를 사전에 차단할 수 있다.

이때 대출 실행과 동시에 건축주의 사업지에 담보설정을 하는데, 필요에 따라 추가적인 설정을 요구하기도 한다. 기본적으로 건축주의 도급의뢰를 받아 공사를 진행하는 시공사 대표의 연대보증각서 및 유치권포기각서와 책임준공이행확인서, 토지 및 건축물 일괄경매동의서(채무불이행시 토지 및 건축물을 함께 경매 진행하는 것에 대한 동의서), 자금사용이행각서(대출자금을 계약 당시 신청한 용도로만 사용한다는 확약서) 등 P2P 금융회사는 투자자 보호를 위해 안전장치를 요구하게 된다. 이러한 투자자 보호장치는 건축주가 대출금을 갚지 못할 경우 또는 사업지에 부실이 발생할 경우를 대비하기 위함이다. P2P 금융을 처음 이용하는 초보 건축주들은 이런 서류를 첨부하라는 말을 들으면 당황할 수밖에 없고, 기분이 좋지 않겠지만 절차상 필요한 내용이니 알아두어야 한다.

#04

P2P 금융회사
선정하기

부동산 P2P 금융은 건축주들에게 아주 유용한 자금조달수단이 되고 있다. 당신이 건축주라면 P2P 금융을 이용해 보았거나 또는 그렇지 않을 수도 있다. 하지만 분명한 사실은 당신이 건축주가 되려고 한다면 또는 건축회사를 운영하고 있다면 P2P 금융은 필수적으로 알아 두어야 한다.

'자기자본 투입비율 미달로 대출승인을 거절합니다.'

'사업지의 담보여력이 약해 대출승인을 거절합니다.'

'자금의 흐름이 명확하지 않아 대출승인을 거절합니다.'

'사업수지분석이 현실적이지 못해 대출승인을 거절합니다.'

'건축주의 신용불량으로 대출승인을 거절합니다.'

P2P 업체의 승인거절 사유 중 일부다. 따라서 건축주가 건축자금 조달을 위해 대출자격을 갖추는 것은 매우 중요하다. 그러나 그보다

더욱 중요한 것은 건축주의 사정과 상황을 잘 이해하는 업체를 선별하여 대출 신청을 하는 것이다. 물론 대출자(차입자)는 돈을 빌리는 입장에서 찬밥 더운밥 가릴 처지가 아니다. 하지만 대출자(차입자)는 투자자들에게는 높은 이자를 지급하는 재테크 파트너이자 P2P 업체에게는 플랫폼 수수료를 지급하는 고객인 셈이다. 때문에 돈을 빌리는 입장이라고 해서 너무 움츠리고 들어갈 필요는 없다.

대부분의 P2P 업체는 투자자들을 위한 서비스나 정책에 힘을 쏟는다. 반면 대출자를 위한 서비스나 정책은 미비하다. 건축주에게 대출금이 집행되고 나면 따로 사후관리를 진행하지 않는다. 이 부분이 좀 아쉬운 점이다. P2P 업체도 건축주가 안전하게 건축물을 완공하여 높은 수익을 창출할 수 있도록 건축과 관련한 유용한 정보를 제공한다면 좀 더 안전한 투자시장이 형성될 것이다. 따라서 P2P 업체를 선정하기에 앞서 돈만 대출해 주고 끝나는 업체가 아니라 건축주의 사업 파트너로서 건축주의 사업 성공을 위해 사후관리와 함께 노력하는 업체를 선택하길 바란다.

P2P 대출,
편리하지만 완벽한 준비가 필요하다

필자 또한 건축자금 대출을 위해 여러 P2P 업체에서 대출심사를 받아 본 경험이 있다. 필자가 처음으로 P2P 업체에 대출을 의뢰했을 당시는 P2P 업체가 막 생겨나기 시작한 태동기였다. 그렇다 보니 처음 접한 P2P

대출은 아주 생소하게 느껴졌다.

　당시 필자는 대출을 받기 위해 무작정 P2P 업체를 방문했었다. 건축도면과 건축허가를 증빙하는 건축인허가 공문서를 들고 무작정 찾아갔다가 제대로 된 심사는 받아보지도 못하고 돌아와야 했다. 필자가 알고 있었던 대출방식은 은행 대출창구에서 상담원과 대면하여 신용조회를 하고 필요한 서류를 제출하는 아날로그적인 방식이었다. 하지만 P2P 대출은 달랐다. 온라인상에서 비대면으로 신청하는 시스템이었다. 아주 간편했다.

　그렇다 보니 필자는 P2P 플랫폼을 통해 대출을 신청하면서도 신청금이 모집될 수 있을지 반신반의했다. 대출 신청을 하면서도 '밑져야 본전이니까 한 번 해보자'는 생각이 컸다. 그만큼 믿음이 가지 않았다. 무엇보다도 놀라웠던 건 초기 시장에 진입한 몇 안 되는 업체의 플랫폼 웹디자인이 너무 볼품없었다. 워드프레스 기반의 반응형 웹처럼 아주 단조로웠기 때문이다. 그렇게 플랫폼을 통해 대출신청서를 작성하고 마우스를 클릭하니 신청이 끝났다. 정말 단순하고 간단했다. 물론 신청을 하고 난 후 해당 P2P 업체에 방문하여 필요서류를 전달해야 했다.

　대출 신청서류를 모두 접수하고 승인을 받은 후 해당 업체 플랫폼에 접속해 보니 필자의 건축현장 이미지가 나오면서 상품에 대한 내용이 잘 정리되어 올라와 있었다. 아주 참신했다. 그렇게 온라인상에서 펀딩을 시작했지만 1주일 동안 목표금액의 1/5도 도달하지 못했다. 나는 속으로 '그래 이게 될 리가 없지'라고 생각하며 다른 대출을 알아보고 있었다. 그런데 1개월 뒤 해당 업체로부터 전화가 걸

려왔다.

"대표님, 대출금 모집이 모두 완료되었습니다. 대출계약서를 작성해야 하니 관련 서류를 지참하셔서 당사로 나오시기 바랍니다."

정말 놀라운 일이었다. 분명 펀딩이 안 될 거라는 생각으로 관심도 주지 않고 있었는데 펀딩이 완료된 것이다. 급히 해당 업체 플랫폼에 접속해 보았다. 37명의 사람들이 나를 위해 자금을 모아주었다. 1개월이 걸리긴 했지만 대단한 경험이었다. 아마 그때 필자는 P2P 금융 시장의 가능성을 보았던 것 같다.

필자의 경험상 P2P 업체마다 대출을 심사하는 기준과 방식은 조금씩 다르지만, 기본적인 대출 프로세스는 동일했다. 한 가지 분명한 점은 한 번 승인 거절을 당하면 다른 업체에서도 같은 일이 반복된다는 점이다. 따라서 승인 거절을 당했다면 그 사유를 인지하고 보완해야 한다. 만약 필자가 이 책을 쓰기 위해 엄청난 노력으로 원고를 집필하고 탈고 과정을 거쳐 원고를 출판사에 투고했으나 여러 출판사로부터 거절을 당했다면 분명 그 원고 내용에 문제가 있는 것이다. 그렇다면 원고를 전면 수정하고 제목을 섹시하게 만들어야 한다. 대출심사도 마찬가지다.

사업수지분석표를 객관성 있게 작성하고 필요자료를 철저히 준비하여 대출 신청을 해야 한다. 만약 한 가지라도 미흡하거나 신뢰를 주지 못한다면 모든 업체에서 거절당하는 건 불 보듯 뻔한 일이다. 그렇게 P2P 업체를 통해 대출을 받기 위한 철저한 준비를 마쳤다면, 그때부터는 대출자가 P2P 금융회사를 선택할 수 있게 된다.

P2P 금융회사의 선정부터
시중은행 대환대출까지

P2P 금융회사를 찾기 위한 가장 빠른 방법은 '한국P2P금융협회' 플랫폼에 접속해 보는 것이다. 한국P2P금융협회는 P2P 업체들의 단합과 공동의 발전을 위해 설립되었다. 물론 의무가입은 아니기 때문에 가입되어 있지 않은 P2P 업체도 많다. 따라서 회원사가 아니더라도 대출자(차입자) 입장을 잘 고려해 주는 능력 있는 업체가 있다는 것을 기억하자.

자! 그럼 P2P금융협회(http://P2Plending.or.kr/) 사이트에 접속해 보자. 2018년도 기준 67개의 회원사가 등록되어 있다. 물론 업체마다 대출상품의 종류는 가지각색이다. 부동산담보, 개인신용, 물품대금, 자동차담보 등 주력 상품은 각기 다르다. 따라서 당신이 건축을 위해 건축자금 대출을 알아본다면 당연히 부동산담보(건축자금 대출)를 전문으로 하는 P2P 업체를 찾아야 한다. 아마도 부동산담보를 취급하는 업체가 가장 많을 것이다. 상품 유형을 알아볼 수 있는 가장 빠른 방법은 해당 플랫폼에 접속해 투자상품 정보를 확인하는 것이다. 최근에는 개인신용상품을 전문으로 구성하던 P2P 업체들이 부동산담보상품으로 갈아타는 현상을 보이고 있다. 왜냐하면 부동산상품은 담보가 있고 투자자들이 선호하는 상품이기 때문이다.

건축자금의 대출금리는 업체마다 차이가 있다. 당신의 사업지에 선순위 권리를 설정해 준다면 금리는 연 11~13% 정도로 생각하면 된다. 그러나 당신의 사업지에 시중은행의 선순위 설정 다음으로 P2P 업체에 후순위 설정을 해준다면 금리는 18%대로 높아진다. 두

미래 금융을 함께 만들어가는
한국P2P금융협회

정관 및 규정 자세히 보기

회원사 누적 대출 취급액 **2,209,326,115,579원** (2018년 05월 31일 기준)	협회설립목적 협회는 핀테크 사업과 P2P 대출업의 기반 조성 등을 비롯한 P2P금융업체의 건전한 발전과 협회 회원사들의 공동의 발전은 물론 궁극적으로 국민경제의 발전과 사회 공헌에 기여합니다.

가지 모두 장단점이 있으니 건축주의 상황에 맞는 업체에서 대출을 진행하면 된다.

이렇게 자금을 수혈하여 안전하게 공사를 했다면 준공 1개월 전에는 시중은행을 통해 대환대출을 알아봐야 한다. 물론 P2P 업체에서 은행을 연결해 주기도 하지만 그렇지 않은 업체도 있다. 따라서 미리 대환대출을 위한 물밑작업을 해야 한다. 그렇다고 무작정 시중은행 대출창구에 가서 "내가 건물을 지었으니 대출해 주세요"라고 한다면 당신을 이상한 사람으로 취급할 것이다.

먼저 건축물 준공 전 감정평가사무소에 방문해 감정평가를 의뢰해야 한다. 감정평가서에 평가액이 나와야만 은행에서는 그것을 토대로 대환대출 심사를 하게 된다. 이때 감정평가사무소를 통해 대환대출이 가능한 은행을 소개받기도 한다. P2P 금융을 통해 자금을 조달받았다면 마지막 단계는 조달받은 건축자금을 상환하는 것이다. 그 마지막 단계를 잘 마무리하면 당신은 건축주에서 건물주가 되는 것이다.

#05

P2P 금융회사와
상생하기

P2P 금융회사는 영리를 추구하는 금융기업이다. 필자는 요즘 P2P 금융회사의 성장을 보며 'P2P 금융산업은 자본주의 지배 아래 파괴적 혁신으로 팽창과 수축을 되풀이하며 커져가고 있는, 언제 터질지 모르는 고무풍선'이라는 생각이 들었다. 결국 이 고무풍선이 터지는 순간 엄청난 자본은 공중분해되어 버리며, 그로 인해 극소수의 누군가는 부를 얻고 대다수의 누군가는 패망하게 된다.

P2P 금융은 핀테크의 발전과 더불어 개인과 개인을 손쉽게 연결하는, 보다 나은 미래금융이라는 사명 아래 우리에게 다가왔다. 이런 P2P 금융 덕분에 우리는 스마트폰 하나만 있어도 투자와 대출이 가능해졌다. 이제 은행창구에 가서 대출을 받기 위해 번호표를 뽑고 기

> **핀테크(Fin Tech)**
> 금융과 기술의 합성어로, 금융과 IT의 융합을 통한 금융서비스 및 산업을 말한다.

다릴 필요가 없어진 것이다. 단지 스마트폰을 이용해 터치 한 번이면 대출과 투자가 끝난다.

P2P 금융서비스의 범위는 다양한 상품을 취급하는 시중은행과 달리 한 상품에 집중한다는 점에서 차별된다. 온라인 플랫폼을 기반으로 투자자와 대출자를 연결하는 알고리즘은 똑같지만 업체마다 주력으로 하는 상품이 다르다. 그중에서도 부동산상품을 전문으로 다루는 P2P 업체의 색깔은 더욱 또렷하다. 부동산담보상품을 전문으로 구성하는 P2P 업체는 엄청나게 많지만, 그 수많은 업체들 중에서도 대출자(차입자)의 담보물과 가치를 정확히 파악하여 펀딩(투자금 모집)하는 업체는 실제 몇 손가락 안에 들 정도이다. 그렇다 보니 기본적인 소양을 갖추지 못해 투자자들에게 피해를 주는 업체들이 늘어나고 있는 상황이다.

왜 부실한
P2P 금융회사가 난립하는 걸까?

간단하다. 자본금 미달에 따른 전문인력의 부족 때문이다. 그로 인해 대출상품(부동산)에 대한 해석능력이 한계에 부딪히기 때문에 불완전한 투자물건이 생겨나는 것이다. 특히 대출상품의 사업구조를 정확히 인지하지 못하면서 퍼주기식 대출을 해주는 업체들이 많다. 실제 최근에 여러 업체에서 부실이 터져 나왔으며, 결국 수많은 개인투자자들에게 원금손실이라는 금융 피해를 입혔다. P2P 업체의 무책임함과 무지함이 빚어낸 금융참사인 것이다. 이로 인해 선량한 투자자들이 투자금을 잃고 고통받고 있다.

건축자금 대출을 전문으로 하는 F업체는 누적대출금액이 400억 원에 달했지만 부실률(현재 취급된 총누적대출취급액 중 90일 이상 연체가 된 건의 잔여원금, 회수되지 못하고 있는 투자금)이 누적대출액 대비 40%에 육박한다. 실로 엄청난 수치이다. 실제 이 업체는 현재까지 부실 채권을 회수하지 못해 발만 동동 구르고 있다. 이러한 문제점이 발생하는 가장 큰 이유는 대출상품을 정확히 이해하지 못한 업체의 잘못이 크다.

반대로 P2P 업체로부터 자금을 조달받아 공사를 하는 대출자(차입자)의 경우 업체의 이런 '비전문성과 정보 불균형'이라는 약점을 이용해 손쉽게 대출을 받았을 수도 있다. 필자는 이런 업자들을 '미성숙시장의 부당이익자'라고 말하고 싶다. 한 번은 필자에게 P2P 대출에 대해 상담을 받던 A라는 건축주가 이런 질문을 던지기도 했다.

"대출자(차입자) 입장에서야 멋도 모르는 바보 같은 업체를 선택해서 대출 신청을 하는 게 쉽고 빠른 방법 아닌가요? 어차피 돈은 갚을 거니까…."

이 말은 P2P 업체의 정보 부족과 비전문성이라는 취약점을 이용해 업체와 투자자들을 속여 개인투자자들의 소중한 돈을 자신의 이익만을 위해 융통하겠다는 검은 속내를 드러낸 것이다. 결국 이런 행동은 모럴헤저드(moral hazard)를 만들어 내는 주범인 것이다. 이처럼 비전문적인 업체도 문제이지만 그런 비전문적인 업체를 이용하려는 대출자들도 책임은 있다.

전문성이 떨어지는 업체의 경우 대부분 신생업체일 확률이 높다. 신생업체의 경우 자본력이 부족하기 때문에 전문인력을 보유하는데 있어 어려움이 있는 게 현실이다. 이런 업체의 경우 펀딩률이 저조하여 목표한 금액에 도달하지 못하는 경우가 빈번하게 발생한다. 또 신생업체가 아니더라도 이미 부실률이 높아 투자자들의 신뢰를 잃어 펀딩에 실패하는 업체도 많다. 따라서 귀중한 시간을 허비하지 않기 위해서는 P2P 업체를 선정하기에 앞서 그 업체의 '누적금액'과 '연체율' 그리고 '부실률'을 사전에 정확히 확인해야 한다. 그래야만 대출자(차입자)는 하루빨리 자금조달을 받아 손실을 줄일 수 있기 때문이다.

만약 당신이 신속하고 안전한 대출을 원한다면 부실이 적고, 대출상품에 대한 경험과 이해가 풍부한 P2P 업체를 찾는 게 우선순위가 되어야 한다. 아마도 그런 업체는 당신의 지속적인 파트너가 되어 당신의 사업에 큰 힘을 보태줄 것이다.

P2P 금융회사는 어떤 부동산을 선호할까?

1) 안전성

건축자금 대출을 전문으로 하는 P2P 회사가 선호하는 대출상품의 첫 번째는 안전성이다. 안전성은 연체와 부도가 발생하지 않을 사업지를 말한다. 모든 사업지는 '유동성 위험'(사업의 변수)을 가지고 있다. 당신이 한 번이라도 건축을 해본 건축주라면 유동성 위험이라는 말에 큰 공감이 갈 것이다. 착공부터 준공까지 많은 변수가 작용하는 게 건축 현장이다. 따라서 P2P 업체는 수많은 변수가 작용하지 않는 현장을 좋아한다. 유동성 위험에 대해 예를 들어보자.

한 현장에 이해관계가 복잡하게 얽혀 있는 경우이다. 실제 사업지의 권리자는 한 명으로 보이지만, 그 배후에는 드러나지 않은 투자자들이 여러 명 있는 경우다. 이런 경우 다수의 투자자들로 인해 분쟁의 요지가 있다.

또 투자금의 출처가 명확하지 않은 경우이다. 건축주는 하청업체에 필요한 공사를 발주하지만 공사대금을 제대로 지급하지 않아 법적분쟁이 발생하는 경우도 종종 있다. 이런 경우를 대비해 P2P 업체는 하청업체의 계산서 발급내역과 공사비 지급내역을 확인하게 된다.

그리고 표면적으로 자신이 건축 사업주라고 하나 실제 권리를 행사하는 명의신탁자가 따로 있는 경우도 있다. 예를 들어 사업에 참여하지 않으면서 명분상 명의만 빌려주고 운영자가 따로 있는 경우이다. 일명 '바지사장'이라고도 한다. 이런 경우 P2P 업체는 인터뷰를 통해 실제 사업 주최자를 확인한다. 이처럼 P2P 업체는 투자자 보호를 위해 철저한 검증을 실시한다.

2) 수익성

건축주는 충분한 수익성이 확보되어야만 책임감을 가지고 끝까지 건축 프로젝트를 마무리할 수 있다. 건축주의 수익성은 사업이익을 말하는데, 사업이익은 총투자금을 제하고 10% 이상은 되어야 한다. 이것은 생산자 프리미엄이자 건축주의 마진이다. 만약 당신이 마진 없는 장사를 한다고 생각해 보라. 과연 고객에게 품질 좋은 제품과 품격 있는 서비스를 제공할 수 있겠는가? 필자라면 그렇게 하지 못할 것이다.

3) 환금성

P2P 업체는 부실을 가장 두려워한다. 부실은 기업의 사망선고나 다름없기 때문이다. 따라서 부실률이 적은 P2P 업체의 경우 투자자들의 원금손실이 없도록 대출 후에도 철저히 사후관리를 한다. 그러나 사후관리만 철저히 한다고 해서 문제가 발생하지 말라는 법도 없다. 그렇기 때문에 사전에 대환대출 가능성을 중요하게 본다.

당신이 다세대주택을 건축하는 건축주라면 그 상품이 준공 후 시중은행으로부터 대환대출이 가능한지, 대환대출이 가능하다면 그 대출금으로 건축비에 투여된 투자원금과 이자 및 제세공과금 등을 상환할 수 있는 담보여력이 있는지 평가하는 것이다.

특히 최근 P2P 업체에서는 대출을 진행하는 지역도 함께 평가하는 경향을 보이고 있다. 즉, 수도권인 서울·경기·인천을 제외한 외곽지역 또는 지방도시는 건축자금 대출한도를 보수적으로 집행한다. 서울과 제주도를 예를 들어 보자. 한 업체에서 서울 강남지역의 다세대 건축사업에 건축자금으로 대출을 100% 실행했다면, 제주도 서귀포 지역에는 그보다 보수적인 80% 정도를 책정하여 대출을 실행한다. 이유는 정확한 담보가치의 데이터가 없거나 분양실적이 저조하기 때문이다. 또한 지방의 경우 준공 후 미래가치에 대한 감정평가를 정확히 했어도 시중은행에서 해당 감정평가액을 대환대출 기준으로 잡지 않는 경우도 있다.

　이렇듯 명확한 상환프로세스를 가지고 있는 사업지라면 투자자와 대출자 그리고 P2P 금융회사가 서로 상생할 수 있는 완벽한 구조가 된다. 당신이 건축주라면 사전에 P2P 업체가 선호하는 상품구조를 이해하고 숙지하기 바란다. 그럼 P2P 업체는 불완전한 당신의 사업을 완벽한 성공의 기회로 만들어 줄 것이다.

Part 6

돈 되는
건축전략,
황금알 낳는 건물

01

수지분석으로
건축 여부 파악하기

"주식을 할 때는 그 기업에 대해 제대로 파악하고, 그리고 나서 들어가야 해. 무턱대고 들어가면 바로 손실이야."

이처럼 주식을 하기 전 투자의 결정 유무는 재무제표로 파악을 한다. 그렇다면 건축을 하기 전 건축의 유무를 결정하는 기준은 무엇일까?

'입지가 좋고, 교통편이 좋으니까 여기 한 번 건물을 올려볼까?' 하고 느낌이 좋아서 건축을 진행한다? 절대 그렇지 않다! 건축의 유무도 주식투자의 유무처럼 기준이 되는 잣대가 있다. 바로 '수지분석표'이다. 필자는 이 수지분석표를 건축계의 '재무제표'라고 부르고 싶다. 건축을 해야 할지 말아야 할지 결정하는 것은 바로 이 '수지분석표'를 얼마나 잘 작성했느냐에 따라 달라진다.

건축자금 조달을 위한
대출 신청서류

건축자금 조달은 건축시 그 프로젝트의 생사를 가르는 중요한 일이다. 건축주가 자기자본을 100% 확보한 상태에서 건축을 한다면 문제가 없겠지만, 종잣돈(토지 매입비만 가지고 있는 상태 또는 토지에 융자가 있는 상황에서 건축비를 모두 조달해야 하는 경우)만 가지고 시작하는 건축주들에게 지속적으로 자금 수혈이 되지 않는 공사현장은 '돈맥경화'로 부도가 나기 쉽다. 마치 동맥경화로 심정지가 오는 사람처럼 말이다. 그렇기 때문에 건축 전 미리 자금조달계획을 철저히 세우는 것이 무엇보다 중요하다.

건축물을 짓기 위해서는 먼저 금융기관으로부터 대출심사를 받아야 한다. 심사기준은 금융기관마다 조금씩 다르지만 대출 신청시 대표적으로 필요한 서류들이 있다. 건축자금 대출을 전문으로 하는 P2P 금융회사의 기준으로 대출 신청서류를 살펴보자.

1) 사업수지분석표

먼저 가장 중요한 것은 사업수지분석표이다. 대부분 엑셀로 작업이 이루어져 있는 수지분석표는 표준양식이 정해져 있지만, 자신의 프로젝트에 맞는 수지분석표를 작성해야 한다.

수지분석표는 기본적으로 4가지로 구분해 볼 수 있다. 첫째는 사업개요, 둘째는 분양수입(총수입), 셋째는 총비용(토지비, 건축비, 판매비, 부대비, 금융비 등), 그리고 마지막으로 총투하자본대비수익률(ROI)이다. 이 4가지는 수지분석표에서 절대 빠지면 안 되는 필수사항으로 꼭 체크해야 한다.

예를 들어 건축하는 건물이 분양을 목적으로 하는 다세대주택(빌라)이라면 분양면적, 세대당 분양가, 주변 실거래가를 현황에 맞게 자세하게 기재해야 한다. 실제 상황과 맞지 않은 비현실적인 수지분석표는 금융기관으로부터 인정받기 힘들다. 그런 수지분석표는 백 번이면 백 번 모두 승인거절이 나게 된다. 따라서 수지분석표는 건축주의 건축의지를 보여줄 수 있도록 최대한 자세하게 그리고 객관성 있게 작성해야 한다. 최대한 성의 있게 그리고 디테일하게 작성하도록 하자!

2) 인허가 공문 및 도면

다음은 '인허가 공문 및 도면'이다. 해당 토지에 대해 해당 관청으로부터 건축허가를 득하고 건축설계사무소를 통해 진행한 설계도면이 있어야 한다. 인허가 공문을 첨부할 때에는 인허가 공문서 전체를 첨부해야 한다.

3) 토지와 주변 사진

다음으로는 건축을 하려는 토지와 주변 사진이다.

이제 신청서류가 모두 준비되었다면 해당 금융회사에 대출 신청을 접수하고 대출담당자에게 대출심사를 받으면 된다. 심사를 한 후 금융회사에서는 해당 사업지와 관련된 모든 이해관계인(건축주, 시공사 대표, 하도급업체 등)을 직접 인터뷰하게 된다. 이유는 해당 건축 프로젝트와 관련해 차후 문제발생의 소지가 없는지 재차 확인하기 위함이다. 이어서 금융회사에서는 현장실사를 하고 문제가 없다면 대출약정을 통해 공사자금 대출을 진행하게 된다.

이때 대출금을 지급하는 방식은 앞에서도 언급한 바와 같이 캐피탈 콜(Capital Call) 방식으로 진행하게 된다. 따라서 모든 공사비를 일시불로 지급받는 시중은행의 대출보다 금리 면에서 유리할 수 있다. 물론 건축주의 사업지에 담보를 설정하게 되며 건축이 완료된 후 건축주는 시중은행을 통해 대환대출을 받아 대출금을 상환하면 된다. 특히 사업 전에 준공 후 대출가능 여부를 미리 확인하기 위해 탁상감정을 받아보는 것을 추천한다.

수지분석표는
건축의 재무제표

수지분석표에는 여러 가지 지표가 많이 들어간다. 토지 면적에서부터 연면적, 분양평수, 토지 매입비, 건축비 등 건축을 하면서 들어가는 모든 비용이 전부 포함된다. 인프라 인입비 등의 부대비용도 포함되고, 금융으로 레버리지를 했다면 금융비용도 들어간다. 이 모든 제반비용들을 하나도 빠짐없이 넣어줘야 한다. 만약 대수롭지 않게 생각하고 비용에 잡아놓지 않고 있다가 나중에 이로 인해 자금이 부족하면 사업이 중단될 수도 있기 때문에 단 하나라도 놓쳐서는 안 된다.

수지분석표 샘플

사 업 명				000 다세대(분양) 수지분석표				[단위:천원]	[부가세별도]
대 지 위 치				용도지구		총분양합계			.
개발면적(토지)		m²	평	용적율		총지출합계			
도로부지		m²	평	건폐율		세전분양이익			
사업면적(토지)		m²	평	건축규모		월임대료			
연면적	지하층	m²	평	주차대수		연간임대료			
	지상층	m²	평	토지가격(평)		보증금총액			
	합 계		평	토목+건축비(평)		연간이자총액			
실버면적		m²	평	대출요청금액		(주변대비)분양기준			
총 분양면적		m²	평	대출이자율		현 사업지 분양기준			

	구 분		금액	산출내역			비 고	
수입	다세대주택	A타입		m² ×	세대		천원/m²	세대가격
		B타입		m² ×	세대		천원/m²	세대가격
		C타입		m² ×	세대		천원/m²	세대가격
		소 계	.		.			
	부가세	부가세 차액						
		부가세 소 계					VAT별도	
	분 양 합 계		.					
지출	토지비	토지매입비		- 평 ×		천원		
		제세공과금(취,등록세)		- ×	4.60%			
		등기대행료(법무사)		- ×	0.90%			
		소 계						
	건축비	직접공사비		평 ×		천원	공사평균	
		간접공사비 인프라인업비		- 평 ×		천원	수도,전기,통신,오수 등	
		상하수도 분담금		호 ×		천원		
		가스시설부담금		호 ×		천원	지자체분의요	
		전기시설부담금		호 ×		천원		
		설계 감리 인허가 설계비		- 평 ×		천원		
		감리비		- 평 ×		천원		
		기타비		직접공사비 × %			경계,복원측량/면허세 등	
		소 계						
	기타비 기타비	보존등기비			3.16%			
		건설공사보험						
		하자보증보험		직접공사비 × %				
		민원처리						
		재산세						
		기타예비비						
		소 계						
	금융비	대출(주관사) 수수료						
		대출 이자						
		소 계						
	지 출 합 계							
	세 전 분 양 이 익			이율				

1) 분양수익 산정

특히 이익에서 가장 중요한 부분을 차지하는 분양수익을 산정할 때
는 분양평수의 책정에 신중을 기해야 한다. 필자는 1인가구 증가로
늘어나는 소형평수의 수요에 맞춰 적은 평수로 세대를 구성하는 것
을 추천한다. 또한 하나의 똑같은 평수만으로 구성하는 것보다 두

개, 세 개의 다양한 평수로 구성하는 것이 보다 효과적으로 분양을 할 수 있는 방법이다.

2) 분양금액 책정

분양평수를 구성했다면 이제는 분양금액의 책정이다. 과연 얼마로 해야 고객들이 합리적으로 생각해서 구매를 할까? 물론 분양가는 현지시세를 파악해서 정할 수밖에 없다. 현지시세는 국토교통부 실거래가시스템에서 확인하고, 직접 해당 사업지 공인중개사사무소를 방문해 파악한 뒤 보수적으로 책정해야 한다. 무턱대고 이 금액으로 분양이 될 줄 알고 수지분석을 했는데, 나중에 그 금액보다 낮은 금액으로 분양이 될 수도 있다. 그렇게 되면 우리가 생각했던 것보다 수익이 낮아질 수 있기 때문에 항상 가장 낮은 분양가로 금액을 책정하는 것이 좋다. 기대했던 것보다 기대 이상의 효과를 봤을 때 그 기쁨은 배가될 수 있다.

3) 토지 매입비와 건축비 등

이렇게 분양가를 책정했다면 토지 매입비를 입력할 차례이다. 토지 매입비는 말 그대로 토지를 매입할 때 지불한 금액을 입력하면 된다. 취득세와 중개수수료 등을 포함하는 것도 잊지 말아야 한다.

　토지 매입비 입력까지 끝났다면 건축비를 입력해야 하는데, 솔직히 건축비를 평당 얼마로 입력해야 할지 난감한 경우가 많다. 그 이유는 기본적으로 건축에 있어 딱 정해진 평당가가 존재하지 않을 뿐더러 지역과 자재에 따라 천차만별이기 때문이다. 또한 최근에는 인

건비가 많이 상승해 예전처럼 평당 400만원 아래로 건축을 하는 것이 어려워졌다. 인터넷 카페 등에서 보면 평당 380만원으로 건축을 했다는 건축주도 있는데, 그런 경우 품질이 떨어질 수밖에 없다. 그렇기 때문에 건축비 산정은 지역과 자재투입 수준에 따라 고려되어야 한다.

이외에 설계비·감리비도 포함시키고, 만약 오래된 주택이 있는 토지를 매입했다면 철거비도 입력해 준다. 설계비와 감리비도 건축사의 인지도와 능력에 따라 다르게 책정될 수 있지만, 일반적으로 평당 10만원으로 잡고 계산하면 된다. 철거비도 설계비와 마찬가지로 평당 10만원으로 잡고 계산하면 무리없이 진행할 수 있다.

4) 부대비용

이외에 추가적으로 부대비용이 발생한다. 부대비용으로는 상하수도 부담금, 도시가스 시설분담금, 전기 시설분담금, 건물 보존등기비 등이 있다. 정말 많지 않은가? 건축이라고 해서 건축비와 토지 매입비만 준비하면 될 거라고 생각한다면 큰 오산이다. 이처럼 건축비 외에도 투입되는 비용이 너무나 많다. 마치 까도까도 나오는 양파처럼 말이다.

그럼 부대비용은 어떻게 정확하게 책정할 수 있을까? 일반적으로 총공사비의 10%를 여유자금으로 책정하면 된다. 예를 들어 10억원의 공사비가 예상되면 10억원의 10%인 1억원을 여유자금으로 책정해 두면 부대비용에 대한 금액을 여유롭게 해결할 수 있다.

기타 보증보험에 들어가는 보험비와 대출 레버리지를 위한 수수료 및 대출이자 비용도 놓치지 않고 입력해야 한다. 레버리지를 통한 수수료 및 대출이자 비용은 공사기간에 따라 다르게 적용된다.

5) 세전이익과 자본수익률 계산

지금까지 소요되는 금액을 전부 지출비용으로 포함시켜 산정해 나온 금액이 총지출비용이다. 그리고 분양총수익에서 총지출비용을 뺀 금액이 바로 세전이익이다. 이를 통해 매출수익률과 자본수익률의 두 가지가 계산되는데, 여기서 중요한 것이 바로 자본수익률이다. 우리가 투자한 금액에 대한 수익금액이기 때문이다.

자본수익률은 한마디로 세전이익을 우리의 자본금으로 나눈 값이다. 이렇게 해서 수익률이 만족할 만큼 나왔다면 건축을 진행하면 된다.

지금까지 수지분석표에 대해 살펴보았다. 수지분석표만 제대로 분석하고 작성할 줄 안다면 성공적인 건축주가 될 수 있다. 수지분석표가 정확하면 정확할수록 우리의 건축사업도 날개를 달게 될 것이다. 만약 보다 정확한 수지분석을 통해 건축주의 꿈을 한 발짝 더 앞당기고 싶다면 전문가와 함께 하는 것을 추천한다. 이제 막 건축주로 첫발을 내딛는 당신이 처음부터 혼자 토지 매입부터 준공까지 모든 일을 진행하는 것은 어려울 수도 있다. 물론 이 책을 통해 성공적인 건축주가 될 수 있는 큰 그림을 그릴 수 있도록 소개했지만, 성공한 사람들로부터 경험과 지혜를 배워 당신이 가는 길에 시행착오를 줄이는 것도 중요하다. 자수성가한 많은 사람들도 성공한 사람들을 멘토로 정해 그들의 방식을 벤치마킹하면서 성공에 한 발자국씩 다가선 것이다.

#02

건축주가 알아두면
유리한 절세전략

월급쟁이에게 있어 월급에 부과되는 각종 세금만 하더라도 일희일비하며 당사자에게 큰 영향을 미치는데, 건물을 건축하는데 부과되는 세금은 어떨까?

　건축에 있어서도 여러 가지 세금이 부과되며, 이는 사업의 수익률을 결정짓는데 있어 큰 영향을 미친다. 세금을 만만하게 보고 건축을 시작했다가 자금이 부족해 준공을 내지 못할 수도 있다. 또 건축에도 나름의 절세전략이 있으며, 실제 이 절세전략을 통해 지출비용을 줄여 수익률이 올라가기도 한다.

사업자등록은
필수다!

1) 사업자등록

먼저 건축을 하려면 개인사업자이든 법인사업자이든 반드시 사업자
등록을 해야 한다. 왜냐하면 건축을 하면서 진행하는 건축사와의 계
약, 시공사와의 계약에 부가가치세가 포함되는데, 사업자등록이 있
어야 부가가치세를 환급받을 수 있다. 이외에도 경계측량을 하면서
들어간 비용, 철거를 했다면 철거비용 등에 모두 부가세가 포함되기
때문에 사업자등록은 필수조건이다.

2) 개인사업자 vs 법인사업자

그렇다면 개인사업자와 법인사업자 중 어떤 사업자를 내는 것이 더
유리할까? 일반적으로 2018년도 기준 개인사업자는 6~42%의 세
율을 적용받고, 법인사업자는 10~25%의 세율을 적용받는다. 세율
이 법인사업자가 더 적으니 당연히 법인사업자가 더 유리한 게 아니
냐고 생각할 수도 있지만, 꼭 그런 것은 아니다.

　법인사업자의 경우 과밀억제권역에서 건축을 진행했을 때 취득세
중과세 문제가 발생할 가능성이 있다. 이렇게 되면 취득세를 이중으
로 내야 하기 때문에 오히려 개인사업자보다 부담이 더 커질 수 있
다. 그렇기 때문에 건축의 해당지역이 과밀억제권역인 경우 신중히
살펴볼 필요가 있다. 특히 서울을 포함한 대부분의 수도권 지역이 과
밀억제권역에 포함되는 만큼 법인사업자를 낼 경우 취득세 중과세

여부를 잘 따져보아야 한다.

　이와는 달리 개인사업자의 경우는 세금처리가 간단하기 때문에 규모가 작은 건축사업을 할 때 유리할 수 있다. 개인사업자는 다시 일반과세자와 간이과세자로 분류되는데, 반드시 일반과세자로 등록해야 한다. 간이과세자는 직전년도의 연간 공급대가의 합계액이 4,800만원 미만인 개인사업자로, 영수증만 교부가 가능하고 세금계산서를 발급할 수 없다. 세금계산서를 발급해야 나중에 부가세를 환급받을 수 있을 뿐만 아니라 건축 후 분양이나 임대로 본격적으로 수익이 발생하게 되면 연간 4,800만원의 수익은 훌쩍 넘어버리기 때문에 머릿속에서 간이과세자는 지워버리도록 하자.

　참고로 사업자등록은 건축허가서가 나온 후 건축허가서와 신분증을 가지고 건축할 건물 소재지의 관할 세무서 민원실에 가서 신청하면 된다. 간혹 민원실의 신입 공무원분들이 간이과세자가 더 편하고 간단하다면서 신청을 유도하는 경우도 있는데, 이런 경우 일반과세자로 해달라고 요청해야 한다.

건축과 관련된
세금은 어떤 것이 있나요?

　　　　　　　　　　　자! 이제 사업자등록도 했으니 절세방법을 본격적으로 살펴보자. 절세란 세법이 인정하고 있는 바에 따라 세액의 감소 내지 경감을 도모하는 것을 말한다. 그리고 절세를 하기 위해서는 먼저 건축시 발생하는 세금의 종류들을 알고 있어야 한다.

1) 부가가치세

우리가 구입하는 모든 물건에는 10%의 부가가치세가 포함되어 있다. 그럼, 건축의 경우에도 모든 거래시 부가가치세가 발생할까?

크게 세 가지로 나눠서 살펴보면 토지의 경우는 면세이기 때문에 토지를 매입하거나 매도할 때에는 부가가치세가 발생하지 않는다. 하지만 건축을 할 때는 대부분 공사비의 10%가 부가가치세로 붙고, 이 금액은 건축주가 지급을 하고 나중에 환급받는다. 토지와 건물을 임대하는 경우에도 부가가치세가 과세된다. 단, 주택의 임대는 면세로 부가세가 부과되지 않는다.

따라서 건축을 시작하며 부가가치세를 환급받기 위해서는 건축사와 계약을 하고 계약금을 지급한 날로부터 20일 이내에 사업자등록을 해야 한다.

2) 취득세

취득세는 부동산 취득시 발생하는 세금으로, 일반적으로 토지나 상가 등 일반 부동산을 취득했을 때 취득세 4%, 농어촌특별세 0.2%, 교육세 0.4% 등 총 4.6%의 세금이 부과된다. 따라서 건축을 하기 위해 토지(건물)를 매입하게 되면 매매가의 4.6%의 비용이 추가로 있어야 소유권이전등기를 할 수 있다.

그리고 건축이 완료되면 공사비의 2.8%는 취득세, 0.2%는 농어촌특별세, 0.16%는 교육세로 총 3.16%의 세금이 부과된다. 만약 공

취득세 세율

구분	토지	건물보존등기(신축)
취득세	4.00%	2.80%
교육세	0.40%	0.16%
농어촌특별세	0.20%	0.20%
합계	4.60%	3.16%

사비가 6억원이라고 한다면 2,160만원의 비용이 건물보존등기비로 나가는 것이다. 당연히 공사비가 늘어나면 늘어날수록 그 비용은 비율에 따라 증가하므로 건축주의 입장에서는 무시할 수 없는 금액이다. 그래서 건축주는 건축을 하기에 앞서 부가세와 더불어 취득세도 미리 따로 확보해 놓아야 한다.

3) 보유세

보유세는 말 그대로 부동산을 보유한 것만으로 발생하는 세금이다. 이 보유세는 재산세라는 이름으로 매년 6월 1일 기준 토지와 건물 등을 보유한 자에 대해 1년 단위로 매년 부과되는 세금이다. 납기는 7월 31일과 9월 30일로 나누어 부과된다. 재산세의 세율은 과세대상과 과세표준에 따라 다른데, 그 내용이 복잡하기 때문에 위텍스(https://www.wetax.go.kr)에 접속해 '메뉴 → 지방세정보 → 지방세 미리 계산해 보기'를 통해 재산세 내역을 확인할 수 있다.

4) 종합부동산세

정치권에서 주택가격을 안정시키기 위해 '종부세를 개편해야 한다'

'인상해야 한다'는 말들이 많은데, 바로 그 종부세가 종합부동산세이다.

종부세는 지방자치단체가 부과하는 종합토지세 외에 일정 기준을 초과하는 토지와 주택 소유자에 대해 국세청이 별도로 1차와 2차로 나누어 누진세율을 적용해 국세를 부과하는 제도이다.

예비 건축주가 꼭 알아야 하는 절세의 기술

건축시 발생하는 세금의 종류를 이해했다면 다음의 4가지 절세기술을 통해 제대로 된 절세효과를 누려보자.

첫째, 건축을 하면서 발생한 모든 비용에 대해 현금영수증·신용카드매출전표와 세금계산서 등의 증빙자료를 잘 챙겨야 한다. 나중에 환급받을 수 있는 부분이기 때문에 꼭 챙겨야 한다.

둘째, 만약 분양이 아닌 임대를 목적으로 다가구주택 또는 상가주택을 지었다면 최소한 2년 이상 보유하다 파는 것이 유리하다. 그래야 양도세율이 50% 아래로 떨어져 절세효과를 누릴 수 있다. 만약 시세차익이 3억원이라면 2년 안에 팔면 양도세로 최소 1억 5,000만원은 납부해야 한다. 실로 어마어마한 세금폭탄이지 않은가? 어차피 다가구주택은 월 임대료가 계속 나오기 때문에 서두를 필요가 없다. 다만 임대시장은 신축건물에 대한 수요와 인테리어의 트렌드가 매년 바뀌기 때문에 너무 장기적으로 가지고 가는 것은 좋지 않다. 적당한 시기에 팔아 생산자 프리미엄을 받고 목돈을 챙기도록 하자.

셋째, 분양이 아닌 임대시 세제혜택을 활용하자. 만약 도시형생활주택을 임대하는 경우 국민주택규모(85㎡) 이하이고 기준시가 6억원 이하이면 임대소득에 대한 소득세(법인세)를 30% 감면받을 수 있다. 예전에는 최소 3호 이상의 임대를 줘야만 혜택이 적용됐지만, 2017년 법이 개정되면서 임대주택사업자로 등록만 되어 있다면 1호만 임대를 줘도 혜택을 받을 수 있다.

마지막으로 앞에서도 언급했듯이 법인사업자와 개인사업자의 장단점을 잘 점검해서 본인에게 유리한 쪽으로 사업자등록을 해야 한다.

나비의 날갯짓이 지구 반대편에선 태풍을 일으킬 수도 있다는 '나비효과' 이론이 있다. 미세한 변화나 작은 사건이 추후 예상하지 못한 엄청난 결과로 이어진다는 의미로 사용되는데, 건축에서 세금이 바로 나비의 날갯짓에 비유될 수 있다. 취득세가 공사비의 3~4%, 부가세 10% 등 전체 사업비 대비 얼마 안 되는 금액이라고 간과하다가 나중에 감당할 수 없는 결과를 초래할 수도 있다. 작은 비용이라도 꼼꼼히 챙기는 지혜로 '나비효과'가 아닌 '절세효과'를 누려야 하지 않을까!

03

분양 vs 임대,
나에게 **맞는 전략**은?

혹시 '게임이론'이라고 들어봤는가? 게임이론은 경쟁상대의 반응을 고려하여 자신의 최적행위를 결정해야 하는 상황에서 의사결정 형태를 연구하는 이론이다. 운동경기·포커·바둑 등 그 유형을 불문하고 모든 게임의 참가자는 경쟁상대가 취하는 전략에 따라 자신의 행동을 결정한다. 만약 당신이 건축을 통해 분양이나 임대를 하게 될 경우에도 게임이론처럼 고객들을 게임의 상대방이라고 생각하고 그들의 예상반응에 대응하는 전략을 짜야 한다.

게다가 건축은 고객뿐만 아니라 향후 그 지역의 발전 가능성, 입지, 교통편 등 고려해야 할 사항들이 많다. 또한 그 지역 주민들의 특성에 따라 임대가 괜찮다고 하면 얼마의 임대료를 책정할 것인지, 분양으로 한다면 얼마의 분양가로 분양할 것인지 등을 꼼꼼하게 따져봐야 한다. 결국 건축은 수익을 극대화하기 위한 부동산 투자의 최고

전략이고, 분양과 임대로 성패를 좌우하는 게임이다. 이 게임에서 승리하기 위해 먼저 분양과 임대 중 어떤 것이 나에게 맞는 전략인지 신중하게 고민해야 한다.

분양과 임대, 어느 쪽이 유리할까?

앞에서 언급했듯이 분양과 임대를 나누는 기준은 구분등기 여부이다. 구분등기를 하여 한 사람 한 사람에게 세대의 소유권을 부여할 수 있다면 분양이고, 구분등기가 안 되어 세대당 전세나 월세를 주는 것이 임대이다.

1) 종잣돈의 유무에 따라 선택하라

분양은 건물의 준공 후 분양을 받기로 한 사람이 분양금액을 치르면 수익이 나는 구조로, 일시에 수익을 가져갈 수 있다. 한마디로 토지 매입부터 분양까지 6~7개월의 기간 동안 일정금액을 투자하여 수익을 보고, 치고 빠지는 전략이다. 만약 당신이 큰 목돈이 없고, 종잣돈을 불려나가는 단계라면 분양으로 사업진행을 하면 된다.

이와 반대로 임대는 일시에 수익을 가져가는 구조가 아니라 월 단위로 임대료를 받는 방식으로, 장기적인 수익구조를 가지고 있다. 물론 전체 사업비에서 건축비가 부족하다면 월세가 아닌 전세로 부족한 만큼의 건축비를 충당할 수도 있지만, 임대의 기본적인 목적은 월세수익을 받는 것이다. 만약 당신의 종잣돈이 어느 정도 수준이 된다면 임대를 통해 안정적인 수익을 가져가는 것이 좋다. 모든 건축주의 로망인 꼬마빌딩도 임대를 통해 수익이 발생하는 구조이다.

2) 지역적 특성에 따라 선택하라

이렇게 투자금액에 따라 사업목적을 결정했다면 이번에는 지역적 특성을 고려해야 한다. 건축을 위해 매입한 토지가 어느 지역에 속해 있느냐에 따라 분양과 임대가 결정될 수 있다. 특히 원활한 임대수익을 얻고자 한다면 지하철이 있는 역세권이 좋다. 보통 도보로 걸어서 10분 거리 내에 있는 토지라면 임대로서 최적의 조건이다. 그 이상 거리가 멀어지면 공실에 대한 대비도 필요하고, 받고자 하는 임대료도 예상보다 낮아질 수 있다.

또한 임대를 하고자 한다면 1세대의 평수를 작게 뽑는 게 좋다. 특히 지하철역 근처에서 임대를 하고자 하는 수요는 1인가구가 많기 때문에 큰 평수를 뽑으면 오히려 손해다. 큰 평수로 뽑아 임대료를 높일 수 있다고 생각하는 것은 어리석은 생각이다. 임대료는 그 지역의 입지에 따라 책정하는 기준이 다르지만, 어느 정도 올라가면 올라가지 않는 상한선이라는 것이 있다. 그렇기 때문에 전세가 아닌 월세 임대를 받고자 한다면 아무리 커도 15평 정도의 작은 평수가 좋다. 요즘에는 투룸도 잘 나가기 때문에 10~12평 평수로 구조를 뽑아 임대를 주는 것도 괜찮다.

이와는 반대로 분양은 한 사람이 집을 한 채 장만하는 것이다. 당신이 지금 살고 있는 아파트나 빌라가 자가소유라면 그 집을 계약하기 위해 얼마나 많은 발품을 팔았는지 생각해 보자. 그만큼 분양을 하기 위해서는 분양받고자 하는 고객들의 마음을 사로잡아야 한다. 뒷장에서 자세히 설명하겠지만, 분양은 고객들을 꽂히게 하는 매력을 어필해야만 선택을 받을 수 있다. 또한 분양을 하기 위해서는 최소 15평 이상으로 세대를 뽑아야 한다. 원룸형 도시형생활주택의 경우는 예외이지만, 일반적으로 수익형 주택의 빌라·다세대주택의 경우 15평 이상은 확보해 주어야 한다. 그래야 자녀와 함께 3인 가족이 생활할 수 있는 최소한의 구조가 나올 수 있다. 이때 분양가는 국토교통부 실거래가에 접속하여 그 지역의 시세를 파악하고, 인근 부동산에서 현재 거래되고 있는 시세를 바탕으로 기준을 정하는 게 좋다.

분양과 임대 두 마리 토끼를
동시에 잡을 수는 없는 걸까?

여기까지 분양과 임대가 어떤 식으로 이루어지고 있고, 어떤 전략에 따라 분양과 임대를 선택해야 하는지에 대해 살펴보았다. 여기서 하나의 의문이 생긴다. 꼭 한 번의 시세차익만 보는 분양이나 다달이 월세를 받는 임대처럼 둘 중에 하나를 골라서 사업을 해야만 하는 걸까? 분양과 임대 두 마리 토끼를 동시에 잡을 수는 없는 걸까? 이에 대한 답은 '있다!'이다.

건물을 지어 임대로 세를 받으면서 일정기간 동안 보유하다 양도소득세가 50% 이하로 떨어지는 2년 뒤에 '통'으로 매각하는 방법이 있다. 이렇게 되면 2년이라는 기간 동안 임대수익을 챙길 수 있고, 2년 뒤에는 생산자 프리미엄을 붙여 매수자에게 팔아 시세차익을 남길 수 있다. 그야말로 '일석이조'의 효과이다.

'아니, 건물이 통이라면 최소 10억원 이상 넘어가서 덩어리가 큰 물건일 텐데, 과연 그게 쉽게 팔릴까?'라고 생각할 수 있겠지만, 은퇴 후 꼬박꼬박 들어오는 월세를 받고 싶어 하는 수요가 있기 때문에 걱정할 필요가 없다. 또한 2년이라는 기간 동안 땅의 공시지가는 상승하기 마련이다. 오히려 신축했을 때보다 땅값을 더 받을 수 있다. 만약 2년 뒤에 바로 안 팔리더라도 불안해 할 필요가 전혀 없다. 팔릴 때까지 월세를 받는 수익형 주택으로 계속 유지하여 보유하고 있으면 그만이다. 이처럼 '분양과 임대' 두 가지 전략을 함께 구사할 수 있는 방법도 있다.

지금까지 분양, 임대, 임대 후 매각 등 크게 세 가지 축으로 건물의 수익구조를 나누어 보았다. 세 가지 중 '이 방법이 최고다'라는 전략은 없다. 무엇보다 당신의 자금상황과 현금흐름, 지역과 수요자의 특성에 맞게 선택해서 진행해야 한다. 무턱대고 남들이 많이 하는 '꼬마빌딩'으로 임대수익을 얻겠다고 덤벼들기보다는 본인의 자금여력을 생각해서 '이번에는 분양으로 진행해서 시세차익을 보고, 다음에는 꼬마빌딩으로 임대수익을 벌어야지'라는 전략을 짤 수도 있다.

앞에서 언급했던 '게임이론'처럼 당신도 '건물짓기 게임'을 하고 있다고 생각하자. 바둑·체스 등의 게임들은 수만 가지 경우의 수를 가지고 두뇌싸움을 벌여 상대방보다 많은 집을 확보하거나 또는 상대방의 킹을 잡아서 승리하는 게임이다. 이러한 게임들은 게임을 하는 참가자가 여러 변수를 생각해서 시시각각 변하는 상황에 맞춰 전략을 짜고, 이 전략에 따라 이기는 방법도 다양하다. 당신의 '건물짓기 게임'도 마찬가지다. 한 가지 정해진 방법은 없다. 다만 분양이든 임대든 임대 후 매각이든 본인에게 맞는 전략을 짜서 실행하되, 결론은 당신은 건물주이며 결국 '건물짓기 게임'의 승자가 될 것이라는 사실에는 변함이 없다.

04

분양만 잘되면
수익은 고공행진

우리는 하나에 꽂히게 되면 전체적인 것이 별로라도 좋아 보이고, 예뻐 보인다. 이러한 꽂힘효과는 물건을 구매할 때 그 위력을 어김없이 발휘한다. 예를 들어 쇼핑을 할 때 '이것만 사야지' 하고 백화점이나 마트에 갔다가 자기도 모르게 생각지도 않았던 물건을 사게 되는 경험을 한 번씩 해봤을 것이다. 그리고 집으로 와서 충동구매한 물건을 보며 오늘 이 물건을 사게 된 이유에 대해 자기합리화를 한다.

집을 계약할 때도 마찬가지이다. 객관적인 입지나 지역가치를 봤을 때 A라는 집이 더 낫지만, 얼마 떨어지지 않은 곳에 위치한 B집에 꽂히면 A가 아닌 B를 계약하게 된다. 그리고 주변 지인들이 "왜 A집을 안사고 B집을 샀냐?"라고 물으면 B집을 계약한 본인 나름의 합리적인 이유를 댄다. 그렇다! 어떤 것 하나에 꽂히는 것이 이만큼 무섭다. 그렇다면 건축주의 입장에서 분양을 잘하기 위해서는 고객들이 꽂히는 집을 지으면 된다.

　지금까지 필자와 살펴본 토지 매입부터 설계, 시공, 금융 등 모든 것이 분양 또는 임대를 위해 존재했던 과정들이다. 분양이나 임대를 통해 얼마의 수익을 남기느냐에 따라 사업의 성패가 좌우된다. 분양만 잘해도 수익은 고공행진을 거듭하여 다음 건축을 진행할 수 있는 징검다리를 마련해 줄 것이다.

어떻게 하면
분양을 잘할 수 있나요?

　　　　　　　　　　먼저 건축주는 항상 고객의 관점에서 건축을 해야 한다. 대부분의 초보 건축주들이 많이 하는 실수가 바로 본인의 취향에 따라 설계를 하고 인테리어를 한다는 것이다. 본인이 살 집이 아니라 고객이 살 집인데 본인의 취향대로 건축을 해놓으면 고객들이 좋아하겠는가? 본인과 취향이 같은 사람을 찾겠다고? 만약 못 찾으면 찾을 때까지 기다릴 것인가? 얼마가 걸릴지 알 수 없는 불확실성에 기댈 만큼 당신은 한가하지 않다.

　항상 고객의 관점에서 생각해 보고 그에 맞는 설계와 인테리어를 해야 한다. 고객이 좋아하는 인테리어를 파악하는 것은 물론 쉽지 않다. 인테리어는 마치 패션과 같아서 트렌드가 자주 변한다. 해외 패션쇼에서 선보인 멋진 의상이 우리 기업과 라이선스를 맺어 상품화되고, 이는 곧바로 지하상가 옷 매장에서 카피가 된다. 인테리어도 이와 유사한 흐름을 가지고 간다.

멋진 해외건축디자인은 곧바로 브랜드 아파트들에 적용되고, 그 다음으로 컨셉빌라와 고급빌라들이 모방하기 시작한다. 마지막에는 일반빌라들까지 따라하며 전체적으로 유행을 타게 된다. 북유럽 스타일, 프렌치 스타일 등 이런 인테리어들이 유행하고 있는 것도 같은 맥락이라고 보면 된다. 고객에게 꽂히는 무언가를 심어주기 위해 예쁜 인테리어를 포기해서는 안 된다. 보기 좋은 떡이 먹기 좋다는 말도 있지 않은가. 당신이 물건을 파는 상점 주인이라고 생각해 보자.

빌라를 분양하는
두 가지 방법

하나는 최대한 건물을 싸게 지어서 지역시세보다 싸게 또는 같은 가격에 파는 것이다. 일명 현장용어로 '싼마이'라고도 하는데, 정말 기본적인 외관과 인테리어만 하여 싸게 분양하는 것이다. 이와 같은 방법은 앞에서 필자가 이야기한 '꽂히는 집'과는 거리가 멀다. 단지 가격 하나에만 초점을 맞추고 분양을 하는 것인데, 이 방법도 수익이 난다면 괜찮은 방법이다. 하지만 공사비를 최대한 낮추는 게 관건이기 때문에 시공을 정말 싼 가격으로 잘하는 시공사를 만나야 한다. 또 무작정 공사비를 낮추면 부실공사의 우려도 생기기 때문에 신중하게 접근해야 한다.

다른 하나는 인테리어의 흐름을 읽어 컨셉빌라로 지어 분양하는 것이다. 이 방법이 바로 '꽂히는 집'이다. 필자는 이왕이면 첫 번째 방법보다는 두 번째 방법을 추천한다. 그래야 고객도 만족시키면서 당신의 수익도 극대화할 수 있다. 고객이 좋아하는 디자인으로 건축을 했다고 해서 아직 안심하기는 이르다. 당신의 건물 주변에는 막강한 강적들이 버티고 있다. 브랜드 있는 아파트, 예쁜 인테리어로 무장한 오피스텔, 레지던스 등이 당신 건물의 경쟁력을 위협한다. 그렇다면 이런 강적들에 맞서 당신의 빌라를 차별화할 수 있는 출구전략은 무엇일까?

가장 중요한 것은 '빌라의 품격'을 높이는 것이다. 최근에 아파트 모델하우스를 방문하면 입구에서부터 레드카펫이 깔려있고, 안으로 들어서면 조감도, 해당 아파트의 관련 기사들이 잘 정리되어 있고, 내부 인테리어들도 여러 가지 디스플레이를 사용하여 최대한 '있어 보이게' 디자인되어 있다. 마치 호텔에 와있는 착각을 불러일으킬 만큼 세련되게 장식을 해놓고 고객들을 기다린다. 그리고 모델하우스 내부에는 카페도 마련되어 있어 구경하다 지친 몸의 피로도 풀 수 있는 쾌적한 환경까지 조성해 놓았다. 이렇게 꾸며져 있는 아파트 모델하우스와 달리 달랑 빌라 한 동 지어 놓고 주변에 현수막만 걸어 두고 홍보를 한다면 마음이 끌리겠는가? 당연히 두말할 것도 없다. 그렇기 때문에 빌라도 아파트처럼 빌라의 품격을 높여 아파트와 똑같거나 더 좋다는 느낌을 줄 수 있도록 해주어야 한다.

빌라 입구에서부터 레드카펫을 깔아 고급스러운 분위기를 연출하고, 샘플 방을 하나 정해 아파트 모델하우스처럼 가구·조명 등의 포인트로 디스플레이를 해줘야 한다. 디스플레이하는 비용이 아깝다고 생각하지 말고 전문업체에 맡겨 진행하면 큰 효과를 볼 수 있다.

이제 남은 것은
성공적인 분양이다

분양하는 방법에는 건축주 직접분양, 부동산 분양, 분양팀 분양이 있다. 건축주 분양은 말 그대로 건축주가 직접 현수막을 걸거나 온라인 블로그 등을 통해 홍보하여 고객들에게 분양하는 방법으로, 분양대행비용을 절약할 수 있지만 노하우가 없다면 큰 위기에 봉착할 수 있다. 부동산 분양은 해당 상품 주변의 부동산에 일정 금액의 수수료를 주고 분양을 중개하도록 하는 것이고, 분양팀 분양은 건축주 직속 분양팀으로 분양전문가들이 해당 건축주의 집을 공격적으로 분양할 때 안성맞춤이다. 분양팀 분양의 경우는 분양 규모가 큰 경우에 유리하다.

필자는 직접 분양보다는 분양대행을 맡기는 것을 권유하고 싶다. 이제 막 첫발을 내딛는 건축주의 입장에서 한 번도 해본 적 없는 분양을 혼자 힘만으로 하는 것은 정말 쉽지 않다. 특히나 분양은 일정 기간 안에 처리하지 못하면 계속 이자비용만 나가고 나중에는 분양가를 낮춰야 하는 일도 발생한다. 우리가 책을 읽거나 학교에서 수업을 듣는 이유가 무엇인가? 한 발 먼저 경험한 그들의 노하우를 활용하여 시행착오를 줄이기 위해서이다. 분양은 특히나 건축의 수익을 결정짓는 중요한 클라이막스다. 이처럼 중요한 분양을 아무런 노하우도 가지고 있지 않은 건축주가 혼자 진행하는 것은 술을 마시고 운전하는 것만큼 매우 위험한 일이다. 분양대행비로 나가는 비용을 절대로 아까워 하지 말자. 전체 사업비에 있어 얼마 되지 않는 분양대행비를 아끼려다 배보다 배꼽이 더 커질 수 있다.

분양은 건축의 꽃이라는 말이 있다. 내로라하는 대형건설사들이 재건축단지를 중심으로 아파트를 짓는 이유도 성공적인 분양을 하기 위해서이다. 그 분양이라는 꽃을 피우기 위해 조합설립 인가, 토지 매입, 시행사 선정, 시공 등 장기간에 걸친 프로젝트를 진행하는 것이다. 그리고 분양은 그러한 고된 시간을 거쳐 받게 되는 강력한 인센티브이다. 건설사들이 분양가를 높게 책정하는 것도 그들의 노력을 보상받기 위해 인센티브를 극대화하는 것이다.

이처럼 분양은 건축주에게 있어 그동안의 고생을 일시에 해소시켜 줄 수 있는 '힐링제'이다. 건축을 하면서 받은 스트레스를 꽂히는 분양을 통해 수익을 극대화하여 확 날려버리자!

#05

임대시장,
1인가구를 주목하라

우리나라의 가구변동 추이를 살펴보면 1980년대에서 1990년대까지만 하더라도 4인가구가 가장 많았다. 그러나 현재는 1~2인가구가 가장 많으며, 앞으로도 1인가구 수는 더욱 증가할 것으로 예상하고 있다. 왜냐하면 20~30대의 1인가구 증가뿐만 아니라 60대 이상의 1인가구 수도 늘어나고 있기 때문이다.

통계청에 따르면 2000년에 1,450만이었던 1인가구가 2017년 기준 1,952만 가구로 증가했으며, 이런 추세라면 2045년까지 2,230만 가구까지 증가할 것으로 내다봤다. 아직까지는 부부＋자녀로 구성된 가구 수가 근소한 차이로 앞서고 있지만, 2025년에는 1인가구가 가장 높은 비율을 차지할 것으로 예상된다. 1인가구가 증가함에 따라 출산율이 떨어져 2050년부터는 인구 감소에 따른 국가 경쟁력이 약화되는 것이 안타까운 현실이지만, 건축주인 당신은 여기서 사업의 기회를 포착해야 한다.

　만약 당신이 건축주라면 당신은 가구가 중요한가? 아니면 인구가 중요한가? 당연히 가구가 중요하다. 그 이유는 3~4인가구들이 분산되기 시작하면서 주택 수요의 증감 원인이 되는 가구 수는 증가할 것이고, 소형주택에 대한 수요 또한 더욱 많아질 것이기 때문이다. 특히 소득수준은 그대로인데 물가는 매년마다 고공행진 중이어서 주거비용이 저렴한 소형주택은 상대적으로 소득이 적은 1인가구 수요자들에게 안성맞춤인 셈이다. 따라서 앞으로 1인가구 확대로 인해 소형주택시장이 강세를 보일 것으로 예상된다.

1인가구의 증가는
곧 임대수익 시장의 확장을 의미한다

　　　　　　　　　　　　　　　　　　1인가구가 증가하면 증가할수록 임대수익을 통한 건물의 가치는 점점 상승할 것이다. 앞으로 대한민국의 소형주택 관련 시장규모는 약 60조원에 달할 것으로 예상되지만, 아직 선진국 대비 시장의 발달은 낮은 수준에 머물러 있다. 따라서 어떻게 임대시장에 접근하느냐에 따라 당신의 수익이 결정될 수 있다. 그렇다면 1인가구를 대상으로 어떻게 임대수익을 올릴 수 있을까?

1) 임대가 잘되는 입지 선정
임대사업에 있어 가장 중요한 입지조건으로는 지하철역과 가까울 것, 회사·공공기관·대형병원 등이 들어서 있을 것, 주변에 신축 공급량이 많지 않은 지역일 것 등이다. 이때 대학교 하나만 보고 들어가는 것은 피해야 한다. 대학교의 입지만 믿고 들어갔다가는 큰 낭패를 볼 수 있다. 그도 그럴 것이 방학이 되면 갑자기 학생 수가 급감한다. 이렇게 되면 임대사업이 한철 장사가 돼버리기 때문에 학생 수요 외에 다른 수요가 있는지 파악하고 입지를 선정해야 한다. 무엇보다 이 중에서 가장 중요한 입지 선정조건으로 역세권을 다시 한번 강조하고 싶다. 첫째도 지하철역, 둘째도 지하철역, 셋째도 지하철역이다.

2) 설계와 인테리어

입지가 정해졌다면 다음으로 중요한 것이 설계와 인테리어이다. 임대는 기본적으로 장기간 끌고 가는 것이 목적이기 때문에 편리한 유지관리를 할 수 있는 설계가 뒷받침되어야 한다.

특히 설계시 고려해야 하는 포인트로는 건물의 외관과 입구를 깔끔하게 디자인하는 것이 필요하다. 1인가구의 임차인들은 트렌드에 민감한 젊은층이 많기 때문에 외관과 입구에 신경을 많이 쓴다. 외관이 깔끔하다면 반은 먹고 들어갈 수 있다.

인테리어는 공간활용을 최대한 효율적으로 하고, 수납공간을 잘 활용할 수 있도록 하는 게 좋다. 임대하는 평수는 대체로 5~10평의 작은 평수로 구성되어 있기 때문에 수납공간을 따로 떼어놓는 게 쉽지 않다. 침대 아래 부분에 수납공간을 마련하거나 붙박이장을 배치해 공간활용도를 높이면 임차인들이 좋아한다.

또한 입주민의 안전을 위해 CCTV를 층별로 두어 임차인들로 하여금 안전하다고 느낄 수 있도록 서비스를 제공하고, 엘리베이터를 꼭 설치해야 한다. 엘리베이터를 설치함으로써 세대당 뽑을 수 있는 면적은 좀 줄어들겠지만, 오히려 실보다 득이 많으니 엘리베이터는 꼭 설치하도록 하자.

3) 임차인

임대를 하기 위한 준비는 마쳤다. 이제 건물을 시공해서 임차인만 받으면 된다. 임차인을 받기에 앞서 당신은 임차인이 어떤 생각을 가지고 있는지 알아야 한다.

주위에서 건물을 운영하고 있는 건축주들의 이야기를 들어보면 임차인들의 요구사항이 너무 많아 불편하고, 청소·운영관리 등 하나부터 열까지 해주는데 따른 스트레스가 심하다고 하소연을 한다. 주변에서는 수익형 주택을 가지고 있다고 부러워하지만, 건축주의 기대만큼 수익은 좋지 않고 공실이 생길까 항상 두려워한다. 그래서 믿고 맡길 곳이 있으면 맡기고 싶지만, 많은 돈을 지불하고 싶어 하지는 않는다. 그러면서 시도 때도 없이 연락하는 세입자를 직접 만나고 싶어 하지도 않는다.

물론 처음 건물을 짓고 운영을 시작할 때는 임차인들이 원하는 것은 다 해주고, 청소·관리까지 다 해주겠다는 마음가짐으로 불타오르겠지만 시간이 지날수록 건물주와 임차인 간의 기대와 현실의 차이로 인해 서로 만나는 것이 유쾌하지 않게 되어 버린다. 하지만 임대수익을 문제없이 얻기 위해서는 당신이 건물이라는 하나의 호텔을 운영하고 있고, 임차인은 그 호텔에 장기적으로 묵고 있는 투숙객이라는 생각을 가지고 서비스를 제공하는 마음의 자세가 필요하다.

다만 간혹 진상인 임차인들도 있기 때문에 임차인들과 계약하기에 앞서 인터뷰 또는 면접을 보는 것을 추천한다. 인터뷰를 통해 그 사람이 월세를 밀리지 않을 수 있는 여건이 되는지 직업 또는 인성을 파악하여 계약하게 되면 월세가 연체될 확률을 상당부분 낮출 수 있다. 또는 특수한 지역에서는 특정 임차인만 받는 전략을 쓰는 것도 하나의 방법이 될 수 있다. 예를 들어 대형병원이 입점한 지역에 임대를 놓고자 한다면 여자 간호사만 받거나 큰 공장이 위치한 지역이라면 그 회사와 협의하여 그 직원들에게만 임차를 주는 식이다. 이렇듯 여자 간호사나 특정 회사 사람들만을 임차인으로 선정하여 특색 있게 임차를 주는 경우에는 안전상의 문제가 해결되어야 한다. 그래야만 더 많은 주변의 지인들이 찾아오게 하는 효과를 볼 수 있기 때문이다. 이 경우 안정적인 직장인들이기 때문에 월세가 밀릴 염려도 줄일 수 있다.

4) 연체 및 공실

당신의 건물에 임차하는 세입자가 월세를 연체하는 경우에는 어떻게 해야 할까? 필자는 과감하게 임차인을 정리하는 것을 권장한다. 당신은 건물주이지 자선사업가가 아니다. 마음씨 좋게 임차인들을 봐줘서는 수익을 낼 수 없다. 만약 두 달 연속 연체했다면 내용증명을 발송하고 법적 조치에 들어가야 한다. 보통 명도가 11개월 걸리는데 이 기간이면 보증금이 딱 떨어지는 기간이다.

이처럼 안정적인 건물 관리를 위해서는 우량 임차인을 찾기 위한 지속적인 노력이 필요하다. 만약 이러한 노력에도 불구하고 지속적으로 공실이 발생한다면 공실을 빨리 없앨 수 있는 특단의 조치가 필요하다. 첫째로 1개월분 임대료를 할인해 주자. 백화점이나 음식점도 할인을 통해 고객을 유치하지 않는가. 임대도 이와 다르지 않다. 또는 임차를 의뢰한 중개사무소에 중개보수를 올려주도록 하자. 그렇게 되면 해당 중개사들은 더 열의를 갖고 당신의 임차인을 맞추기 위해 노력할 것이다. 온라인 중개 플랫폼을 이용하는 방법도 있다. 당신이 온라인 중개 플랫폼에 해당 물건의 조건을 기재하고 임차인을 유치하는 방법이다. 또한 블로그와 페이스북을 활용하여 당신이 직접 홍보를 해서 임차인을 유치하고, 지속적으로 고객과의 접점을 마련해 피드백을 주고 받으며 입소문이 퍼지게 하여 공실을 줄일 수도 있다. 좋은 소문이 퍼지면 나중에는 입주대기자가 생기는 경우도 종종 있다.

5) 전문관리업체 위탁

지금까지 건물주가 되어 임대사업을 운영하기 위한 노하우에 대해 살펴보았다. 처음 건물주가 되어 운영해 보는 건물관리가 생각보다 쉽지 않을 수도 있다. 만약 처음 건물을 짓는 건축주라면 직접 운영하는 것도 좋지만, 전문관리업체에 맡기는 것도 좋은 방법이다. 일본의 경우 전체 가구 수의 27%나 되는 1,300만 가구의 임대주택이 있어 체계적으로 임대관리를 해주는 대형 관리업체들이 많이 있지만, 아직 우리나라는 부족한 실정이다. 하지만 그 수는 점점 늘고 있으며, 시스템도 체계적으로 바뀌어 가고 있는 추세이다.

관리업체에 관리를 의뢰하게 되면 그들은 일정금액을 받고 임대관리 및 임차인관리까지 모두 해준다. 임차인의 계약기간이 만료되어 나가게 되면 나가기 전에 공실이 생기지 않도록 임차인을 미리 구해주기도 한다. 이는 임차인으로부터 받는 스트레스에서 충분히 해방시켜 줄 수 있다. 물론 보통 한 세대당 월 3~5만원 정도의 비용이 들기 때문에 건물주가 가지고 가는 월 수익은 감소하겠지만, 건물관리에 대한 시간으로부터 자유로워질 수 있다.

에필로그

지금까지 건축주가 되기 위한 준비작업에서부터 토지분석, 매입, 설계, 시공, 분양, 임대, 수지분석까지 건축에 필요한 모든 사항들에 대해 살펴보았다. 이제 선택의 순간이다. 당신이 건축주가 되어 월급 쟁이 직장인의 굴레에서 벗어날 선택의 순간 말이다.

"나는 1년 지나고 돈이 좀 더 모이면 해야지."

"나중에…. 지금은 아니야. 좀 더 여윳돈이 필요해."

아직도 이런 말들로 당신의 삶을 합리화하고 있다면 이제는 그만 알에서 깨어날 시간이다. 당신의 한계는 여기까지라고 한정짓는 알에서 깨어나야 한다.

대부분의 사람들은 경험한 만큼 세상을 인지하고 기억하며 살아가기를 원한다. 그렇게 자신의 울타리 안의 삶은 마치 각본처럼 짜여 있으며, 그것이 당연한 것이라 여기고 살아간다. 이처럼 무중력 상태에서 둥둥 떠다니며 갈피를 잡지 못하는 순간 '찰칵' 하는 소리와 함께 평범함과 편안함이란 덫에 걸려 버리고 만다.

필자는 당신이 이 책을 통해 가슴 속으로 건축주가 되겠다는 작은 불씨 하나를 피웠으면 하는 바람으로 책을 집필했다. 이제 그 작은 불씨를 키워 횃불이 될 수 있도록 해야 한다.

'건축은 건설회사나 전문가들만이 할 수 있어'라는 편향된 생각을 하루 빨리 버리자. 월급쟁이 직장인들도 충분히 성공한 '디벨로퍼'가 될 수 있다. 실제 필자는 수많은 월급쟁이 직장인들이 건축을 통해 건물주가 되어 안정적이고 풍요로운 삶을 사는 것을 지켜보았다.

이제 당신 차례다. 필자도 될 수 있었던 건축주, 당신도 될 수 있다. 건축주가 되고자 하는 당신의 꿈을 언제나 뜨겁게 응원한다.